目　录

杭商研究丛书

穿越时空的杭商

周旭霞 陈明鑫 洪 洁 沈 芬 编著

CHUANYUE SHIKONG
DE HANGSHANG

浙江工商大学出版社
ZHEJIANG GONGSHANG UNIVERSITY PRESS

图书在版编目(CIP)数据

穿越时空的杭商 / 周旭霞等编著. —杭州 ：浙江工商大学出版社，2016.12

ISBN 978-7-5178-1905-9

Ⅰ. ①穿… Ⅱ. ①周… Ⅲ. ①商业史—研究—杭州 Ⅳ. ①F729

中国版本图书馆 CIP 数据核字(2016)第 271917 号

穿越时空的杭商

周旭霞　陈明鑫　洪　洁　沈　芬　编著

责任编辑　梁春晓　汪　浩

封面设计　林朦朦

责任印制　包建辉

出版发行　浙江工商大学出版社

（杭州市教工路 198 号　邮政编码 310012）

（E-mail：zjgsupress@163.com）

（网址：http://www.zjgsupress.com）

电话：0571－88904970，88831806（传真）

排　　版　杭州朝曦图文设计有限公司

印　　刷　杭州恒力通印务有限公司

开　　本　787mm×1092mm　1/16

印　　张　11.75

字　　数　200 千

版 印 次　2016 年 12 月第 1 版　2016 年 12 月第 1 次印刷

书　　号　ISBN 978-7-5178-1905-9

定　　价　39.80 元

浙江工商大学出版社营销部邮购电话　0571－88904970

曾经的辉煌——浙江麻纺厂的创业故事

浙江麻纺厂，1949年9月成立建厂筹备委员会。

杭州解放不久，杭州市委为贯彻浙江省委有关“积极恢复与重点发展生产”的方针，在杭州市财经委员会主任张劲夫和浙江省工矿厅生产管理处处长翟翕武主持下，召开了省内部分大中型企业负责人座谈会，要求大家为振兴本省工业出谋划策，把杭州由消费型城市改变为工业发达的城市。座谈会上有人建议将中国银行搁置在上海国棉五厂仓库中未予利用的一套黄麻纺织机器调拨到杭州来建厂。其理由是：杭州及周边地区盛产黄麻，可满足生产所需的原料供应；浙江及附近的江苏、江西、湖南等省所产粮、盐等物资要用麻袋来包装，防洪抗灾也需麻袋，且当时解放战争尚在进行，军需也要麻袋，而国内生产的麻袋供不应求；杭州水陆交通方便，有利于原料、辅料和机配件等物资以及成品的运输；麻袋的生产利润比较丰厚，有利于为省、市增加利税，同时还可以解决部分失业人员的就业问题。

当时的杭州市军管会主任谭震林对这个建议十分重视，在与上海市军管会主任陈毅联系后向中央请求。毛主席批示：“全国尚未解放，在自力更生原则下建厂，同意。”浙江麻纺厂就这样在毛主席、党中央和省、市党委和政府及有关部门的关怀和支持下，作为浙江省的重点项目开始了建设。

一、我自豪，我是筹建时的一员

我是1948年从学校毕业的。当时，我们很多同学毕业以后都跑到国外的纺织厂去了，我到了中纺公司，那时候叫中国纺织技术公司。当时中纺公司下面开办了几个班，比较高档的叫研究班、技术人员研究班，我当时是在技术人员进修班，再下面还有技术人员训练班。我进修的是织造专业。那时候我们的校长是中纺公司的一个组长，叫张方佐，他当时搞了这么几个班。那时要进任何一个班都不容易，进进修班是很不容易的。进修时间1年，1年以后放假，就到了1949年。新中国成立以后，我就待在进修班里待分配。后来正好我们有一位老师叫黄季冕，他原来是中纺公司下属厂的厂长，当时浙江麻纺厂在筹建，正好叫他来负责，为此他总要带几个人吧。黄季冕老师在日本留过学，喜欢下围棋，读书期间，我们几个同学经常去他家里玩围棋，因为这一层原因我也跟着过来参加筹建，成了麻纺厂筹建者中的一员。不久，黄季冕老师被调走了，而我被任命为细纱组助理技术员。当时细纱组技术员是邱元龙，他原是上海纺织厂技术员。我们两人负责整理纺纱设备。

当年浙江麻纺厂建厂时的第一套设备是国民党中国银行于1937年从英国购置的，由于抗日战争爆发，除部分设备运抵上海外，其余都转运香港，再运到菲律宾马尼拉。第二次世界大战期间日军曾就地将这套设备建厂生产，以供军需。战争结束后才拆运回到上海，共计800余箱，净重425吨。由于辗转拆运，墙板断裂达70%，零件损失近20%，且锈蚀十分严重。我和邱元龙在上海负责纺纱设备的清理，1949年12月底完成设备整理后运往杭州。过了元旦，我于1950年初到中纺公司杭州办事处报到。办事处主任冯希彦，第二天就带着我们去了拱宸桥。

当时天正在下雪，白茫茫的一片，那个地方曾经是日本人的刑场。看中这块地是因为运输比较方便，在运河边，可以通过水路运输；离艮山门较近，又可以通过铁路运输，当时就是在现在的绍兴路那一带建了一个仓库，一般厂里面生产出来的东西先运到那里，然后再通过铁路运输，原料的话一般是通过水路运输。到杭州后，一直到4月以前，还主要是对设备进行常规的擦洗工作，因为那些设备上都有锈，我们用煤油和砂纸进行擦洗。那时候条件很艰苦，都是在茅棚里面工作，没有厂房，而且是大冷天，很多工人的手都冻坏了。天热了以后工地里面老鼠、蛇都有，地面也是泥地，高高低低的，被称为“弹簧路”，睡的是纸板箱，走的是“弹簧路”，早上起来以后还要看看鞋子里面有没有蛇和老鼠。当时工人是相当辛苦的，有盒饭吃已经很不错了。

在擦洗的过程中,还时常有国民党的飞机来轰炸。那时候国民党的飞机老是经过这里,国民党的飞机一来,我们就往树林里面躲。我们是技术人员,所以在运河对面一个叫高架花园的地方租了一层楼,晚上回到那里,就住在那里,那个时候技术人员是宝贝。擦洗工作基本上到4月底结束。

5月厂房建好以后,就开始将设备运到厂房里面安装调试。

二、边建设,边投产

1950年5月开始纺织设备安装、调试,6月辅助设施也陆续安装,到了7月第一条生产线安装好并开始试车,7月下旬进行"一条龙"试生产,8月1日这一条生产线正式投产。

在整修设备的同时,从精洗麻场选派了42名操作工到上海的经纬麻纺厂培训3个月。培训期间,工人们睡的是水泥地上铺席子的统铺;没有浴室洗澡,只能打盆水洗;没有厕所只能用便桶,大家轮流倒。但大家学习很认真,热情很高,做夜班时晚上还坚持学习,终于在3个月的时间里,学会了操作技术,这时正好回杭州,成了生产骨干。另外,又从上海、无锡和宁波、温州等地招收了一批技工和操作工。省工矿厅又分配来一批管理人员,满足了当时生产和管理工作的需要。

第一条生产线8月投产以后,当时只开了一个白班,要有管理员管生产,邱元龙调过去当了班长。3个月以后开始开两个班,即早班和夜班,两班倒,我就又调回来当细纱间的技术员。从决定建厂到第一条生产线投产,只用了短短10个月的时间,可以说是创造了麻纺厂建厂速度的奇迹。

两班倒以后这个厂就开始准备扩大生产,组织了很多厂的人来筹备扩厂,包括像江苏无锡的人员,还有很多设备都是从上海那边弄来的,还有一部分是宁波和浙江大学机械工程系弄来的。当时要求要搞到6条生产线,所以造机器的时候就按照这个规模造。作为新中国成立以后的第一个厂,上面要求一定要建好,所以我们厂的绿化很好,像花园工厂。

由于国民经济的迅速发展,在1950年5月第一条生产线尚未投产时,全国毛麻会议同意将浙江麻纺厂的生产规模扩大1倍的建议。9月初,华东纺织管理局进一步指示:“最近几年内在现有基础上,有计划、有步骤地向比较大规模的现代化的麻纺厂方向发展。”当时国内没有制造成套麻纺强机的经验,在帝国主义实行经济封锁的形势下,又不可能从西方国家进口,要实现扩大生产,只有自力更生。省工矿厅于1950年12月成立了麻纺织机制造委员会,由当时的厂长翟翕武任主任委员,具体负责确定机器制造的数量、型号及规范,落实承制单位,安排交货进度,检查定制机器合约的执行情况,督促原材料的采购,制订财务计划,调度资金。1951年初,当时的浙江省人民政府主席谭震林指示:“要把麻纺厂扩充到具有1万纺锭的大型麻纺厂。”华东工业部也同意这个目标,于是在原来制造1套黄麻纺织设备的基础上,又将任务调整到4套。

由于当时国内的黄麻纺织设备中,浙麻厂的第一套黄麻纺织设备是20世纪30年代中期的产品,除个别机器外,在国内尚比较先进,因此基本上按这套机器制造。而对比较先进的如上海经纬麻纺织厂的并条机、细纱机是20世纪40年代中期的产品,就选用它来做样本。与此同时,组织浙麻厂与浙江铁工厂的工程师到杭州、上海、无锡三地规模较大的九家机器制造厂调查他们的设备和制造能力,并召集他们开会,本着“自报公议、各取所长、统一安排、分工合作”的原则,分担制造任务。第一套设备中,软麻机、并条机、络经机、捻线机、织布机等设备由浙江铁工厂承制,梳麻机由上海新业厂承制,精纺机由无锡开源机器厂承制,整经机由上海锦昌机器厂承制,轧光机由上海张锦记机器厂承制,缝边机由浙江大学机械系实验工厂承制,缝口机由上海缝纫机厂承制。全部设备共23种169台,造价为167.63万元。在1951年陆续制造完成,使扩建的生产规模于1951年11月局部投产,1952年5月扩建完成。其余的4套设备分别由浙江铁工厂、浙江大学机械系实验工厂、宁波铁工厂、上海环球铁工厂、大隆机器厂、新业铁工厂、上海第一纺织机器厂、海军机械厂、上海缝纫机一联和九联、无锡机器厂承制,全部设备共697台,在各制造厂大力协作下,仅用了1年半时间先后完成。

在自力更生制造成套设备时,各厂克服了一无图纸、二无经验等困难,并做了300多项改进,有的缩短工序,有的提高效率,有的降低强度,取消了粗纺工序,直接由并条麻条上细纺机,节约了大量劳动力;织布机装离合器,提高了生产效率;用国产木代替进口的桃木做梳麻机的针板、用羊毛纸加压替代用纸粕做轧光机滚筒等克服了取材困难。在浙江麻纺厂的组织、协调下,我国初步具备了能自己制造成套黄麻纺织设备的能力。

基本建设到1953年完成,设备厂房都建好了,总投资是2700万元。1950年8月投产到1953年就收回了投资,之后开始都是盈利的。每天生产最高十几万条麻袋,一年差不多几千万条。每条麻袋成本1元多,卖3元。

三、注重管理　促进生产提高

建厂初期,我们厂的领导多数来自部队或机关,对企业管理缺乏经验;有的领导干部是从旧企业聘请或调动来的,只知道旧的一套管理办法,对怎样管理社会主义企业,缺乏经验。而开工后不久,政治运动一个接一个,没有腾出必要的精力抓企业管理。投产后,生产管理上逐渐暴露出一系列问题,如劳动组织不合理、工时利用率低;没有严格的责任制,劳动纪律松弛;操作工是以老带新,操作不统一;工人技术不够熟练、事故频繁发生等。这些情况说明进行企业管理、维持正常生产秩序、提高劳动生产是迫在眉睫的任务。因此,1953年起,我们厂在企业管理方面有了很大的进步。

1953年,纺织工业部召开全国纺织厂厂长会议,确定以加强计划管理、贯彻作业计划为全年重要任务。我们厂学习了“五三工厂经验”后,在企业管理方面,首先抓住加强计划管理,推行作业计划这一环节来开展工作。在组织职工学习计划管理的基础知识,强调“计划就是法律”,使大家认识执行计划管理的重要性,边学边做,使计划的内容、形成、编制方法和程序逐步完善,建立起一套正常的工作制度,加强计划平衡和定额管理工作,提高计划在组织和指挥生产中的作用,保证生产的正常和稳定。同时,还在生产技术准备(工艺设计、技术措施计划)、生产服务(设备的大小修理、检修、揩车进度和机电检修进度)、物资供应(原料、机物料采购供应进度)、成品销售(交货进度)和劳动力调配等方面都建立了作业计划制度。在此基础上,推行月度财务执行计划等，使各个部门的工作能够相互配合协作。同年10月，在生产副厂长领导下，设立了专职的轮班调度组来不间断地了解和掌握生产动态，预防和解决生产上临时发生的问题。在推行作业计划后，还加强对计划执行情况的检查分析，各级都建立了生产指示图表，及时反映生产计划完成情况。厂部还建立每周一次生产调度会，车间、生产小组每天一次碰头会，月中、月终检查计划完成情况。这一系列工作对改善管理、组织均衡生产起到很大作用。

在质量管理方面，自1951年纺织工业部制订了麻袋的部分标准后，我们厂同年9月成立了质量监督科，除了贯彻标准中规定的质量指标外，还对各工序的半成品制定了质量标准并进行检查，以保证产品达到质量要求。为保证和提高产品质量，增加了麻仓中油麻湿度梳麻、末并和细纱工艺纤维长度与细度、麻布含浆率、成品残没率等项目的测试，以及控制配麻强力来保证成品强力，调整加没水率来控制成品回潮率，控制纺织半成品宣和麻纱支数，轻轴重量使成品重量符合要求等改进措施，使成品内在质量符合标准要求，使产品质量不断提高，为日后双绿牌6635-1麻袋两次荣获国家银质奖奠定了基础。

在财务管理方面，通过推行核算，下达经济指标，为加强企业资金积累起到了重大作用（建厂投资共2657.85万元，到1953年上缴税利已达2690.88万元，收回了全部投资。后来基本平均每年新建一个同样规模的麻纺厂）。厉行节约、反对浪费是经济核算的根本要求。1951年下半年起，开展了反浪费运动，职工提出的各种措施和建议，通过研究、制订节约计划、分部门逐级贯彻。从1954年第四季度起，把节约计划与成本计划结合起来，按照成本项目、组织各部门实施节约计划，使节约成果体现在企业成本中。以后通过多次整顿，下达了各级技术指标，加强了定额管理工作，基本上将各级指标、定额组成体系，互相衔接平衡，将占总成本96%的因素都纳入定额管理范围，如成本计划中的各项消耗定额（原麻、软麻油、煤、电、机物料等）和费用（工资、车间经费、企业管理费等）实行定额分工负责制，落实到人。

在劳动管理方面，我们厂通过操作工的操作测定，对操作动作进行分析,对操作工的先进操作方法如细纱机的断头接头要先易后难、先近后远、先动后静的操作要领,织机的掌握主动换纡等,及时总结经验,并在此基础上,修订了操作法加以推广,提高了生产水平,同时根据劳动负担系数,合理确定劳动组织和定员,而且通过技术革新,扩大了看台能力。因此,我们厂的劳动组织在同行业中是比较先进的。

人是工业生产的重要因素,浙麻厂对职工的培训工作一直非常重视。建厂初期工人中有很多是文盲或半文盲,1951 年厂里就成立了职工业余学校,重点进行扫盲工作,到 1955 年扫盲达 799 人,占全厂职工的 19.4%,许多工农出身的干部和工人经过文化学习,提高了工作能力。1953 年全厂掀起了向科学文化进军的高潮,职工的入学人数由 1951 年的 300 余人增加到了 2500 余人,占全厂职工的 60%以上。业余学校在职工中聘请了一批业余教师,对三班制和常日班合理安排时间,保障了职工业余文化教育的顺利开展。厂里大部分工人的文化启蒙教育和文化素养的提高,就是在业余时间实现的。1953 年 10 月,厂里专门设置了技术教育科,由党委委员孙德裕兼任科长,具体负责职工的技术教育工作。1955 年,由于原料的减产和成品的滞销,我们厂停开了部分机台,组织停机的工人脱产到工人学校学习政治、文化和技术,提高了他们的政治、文化素质和技术水平,为今后生产不断发展打下了良好的基础。

四、只有不断创新,企业才能走得更远

1953 年,那时我当实验室副主任,原料紧张,要求我们在产品上面节省原料。为此,经过钻研,我设计了一个产品,这个产品就是把原来的纱纺细密度提高,保证质量。纱纺细了以后重量就轻了,这样子原来是 1134 克一条麻袋,后来做成 927 克,这就省了 200 多克。1956 年我被定为工程师也不是偶然的,因为这个新型麻袋是我设计的。新中国成立前,如果没有一定经济实力是不可能念到大学的,因为我的家庭成分比较高,我们家的兄弟姐妹都是高级职称,所以我努力钻研技术,不断提高技术水平,报答党和政府的

信任。

安徽蚌埠要建设一个麻纺厂，我去那里帮了3个月，理论方面给人上课，技术方面提供指导。而且我那时候整天在车间里转，观察生产情况，收集生产数据，把数据收集下来与一些指标比较相关关系，得出一些经验公式。那个时候，我晚上基本上要么在办公室，要么在车间里，复习大学里面的书，整理资料。就是这样，我和另外两个人在20世纪50年代一起写了一本书，叫作《黄麻纺绩》。

我们的设备是20世纪三四十年代国外的设备，但是通过我们的技术革新，我们的设备比国外的好很多。之前印度、孟加拉国、英国的麻纺厂我都去看过，当时一个是我们的织机不如人家，还有一个就是我们的自动调整不如人家，影响了纺纱的均匀度，就这两点不如人家。那个时候伊朗曾经想买我们的设备，他们在中国设备和英国设备之间犹豫，“两伊”战争之后他们的老兵打算开麻纺厂，我当时已经退居二线了，这个项目交给我，我给他们提了个方案，除了织机这个设备是别的国家生产的，其余设备都是采购我们的，但是没想到购买设备的伊朗代表出车祸了，所以这个项目最终没有谈成。如果这个人没有出车祸的话，也许就用我们的设备，我也可能去那边发挥余热了。

五、生产长一寸，福利长一分

建厂时期，我们厂经常向职工宣传“生产长一寸，福利长一分”的方针，激励职工努力生产的积极性。根据这一方针，在1949年10月制定的第一张蓝图上，我们就对浙江麻纺厂职工生活福利设施进行了规划，在占地约250亩的生活区内，有职工集体宿舍、家属宿舍、图书馆、业余学校、俱乐部、运动场、婴儿室、医务室、商店、银行、邮电局等。1950年，调整了一些设施，主要是削减了家属宿舍，降低了一些设施的建筑标准，增添了农场以饲养奶牛，设立了洗衣房、理发室等。20世纪60年代初，还专门请园林局的园艺师对厂区的绿化进行全面安排，制订了一个三年绿化计划，种植了一大批香樟等常绿植物和其他富有观赏和经济价值的树木，扩大了绿化面积，进一步美化了厂容厂貌，改善了环境。厂区绿化覆盖面积达到49%，连续多年被评为市绿化先进单位。在体育设施方面，建立了灯光球场，增添了一些运动设施，还兴建了游泳池，供职工锻炼。

对职工的生活也十分关心，如对住在集体宿舍的职工每人发给蚊帐、席子。对夜班职工免费供应面包、肉包子、豆浆，并送到房间。食堂采用合食制，两荤两素一汤，每日仅收伙食费0.38元。医务室的医生为生病的职工免费送药，病弱的职工经批准可在营养食堂就餐，每人每日津贴菜金0.15元(相当于一餐饭的金额)。婴儿室免费供应尿布，不收保育费。女工生了孩子，先放在婴儿室，养大了就送到幼儿园，再到子弟小学，再到中学，最后到高中。厂里还备有交通车，来往于城内接送职工等。这些生活福利，目前看来不足为奇，但在20世纪50年代初期和新中国成立前的工厂相比，同社会上一般居民和职工的生活相比却是十分突出的，是很好的生活了。时至今日，一些老职工还很怀念当时的情景。20世纪五六十年代，我们厂对职工的生活福利，作为新中国成立后党对职工生活关怀的缩影，也给来厂访问的外宾、侨胞与少数民族都留下了深刻的印象，如甘肃省的牧区民族参观团的代表说："我们看了这个麻纺厂，好像戴上了望远镜，看到了社会主义的远景。"当时浙麻厂作为样板厂，很多国际和国家的重要领导人都来厂里参观过，包括朱德总司令，还有缅甸的、蒙古的重要领导人以及北京的外交使团。

对职工的工资亦按上级指示不断进行调整，1950年在干部中调整了工资。1952年进行了工资改革，建立了按劳付酬的工资制。全厂有823人由计时工改为计件工，并制订了平均先进的生产定额，实行直接的、不封顶的计件工资制。在1212人中划分了工资等级，制订了工资标准，废除了旧的计薪为基础的计算办法，建立了合理的工资制度。经过这次工资改革，在2044个生产工人中，增加工资的有1612人，占78.87%；按照原工资的有229人，占11.24%；有203人降低了工资，占9.89%。1956年又进行了工资调整，人均增资8.8元，增长19%。不断提高职工的生活水平。那时候我们厂的利润很高，东西只要生产出来就有钱，而且还能养活那么多工人。我的工资刚开始是50多元，后来调整为80多元，因为1956年定的工程师，所以工资比较高，一般的工人是30多元，再后来我的工资调整为100多元，到退休那会已经达到了260多元，基本达到了当时副厅级的待遇。

在家属宿舍方面，20世纪50年代中期至60年代初期，于厂区外建造三层楼家属宿舍1幢、二层楼家属宿舍4幢，四层楼家属宿舍6幢，自建公助平房家属宿舍12幢，改善了职工的居住条件和职工家属的住房困难。

同样，职工也视厂如家。抗美援朝开始后，党和政府提出"三条麻袋可以保护一个志愿军"的口号，工人们加班加点努力增产。厂领导不仅关心职工的生活，还在政治上、文化学习上关心职工，在业余时间组织政治学习，开办了业余学校提高工人文化知识水平；还建设运动场给职工进行体育活动，职工们深刻感受到社会主义新型工厂的优越性，更加努力生产来报答党和人民对我们的关怀。

浙江麻纺厂是杭州市乃至浙江省解放后建立的第一个国有企业，它从一片荒地上不断发展壮大，到20世纪末，已成为有上万职工、多种产品的大型企业。特别是麻纺织部分，是全国生产规模最大的，成为这个行业的龙头。全国该行业的技术革新项目是我们研制创新的，企业管理方面的规章、制度是我们拟定的，从而推动了这个行业的不断提高。建厂以来，向国家上缴了大量利税，解决了部分就业问题，向有关部门输送了大量人才，产品不断满足国内需要，还大量出口，为国家创造了外汇。

浙江麻纺厂的诞生，离不开党和政府的关心和支持，闪耀着中国工人阶级的智慧，凝聚着为建厂而艰苦奋斗的400余名职工的血汗，洋溢着为建厂而做出贡献的兄弟单位的情谊。我作为1949年参加建厂工作的一员，缅怀当时的情景，感到十分激动，同时也为浙江麻纺厂对祖国建设做出的卓有成效的贡献感到自豪。

浙江麻纺厂从筹建到投产，再到发展，到辉煌，最后到消失，这是社会发展的规律。今天，我们回顾这段历史，就是为了让后人认识这个规律。记住，只有不断改革创新，才能跟上历史潮流，永远前进。

鲜为人知的艰辛——杭州制氧机厂的创立

杭州制氧机集团有限公司(原杭州制氧机厂)成立于1950年,至今已有60多年的历史,杭氧人艰苦创业、改革创新,尤其是近30多年来,通过引进、消化、吸收国外先进技术,始终走在行业发展的最前列。人们看到的是今天辉煌的杭氧,当年创业的艰辛鲜为人知。为此,我们采访了当年的创业者、见证人。

一、我与杭州制氧机厂

吴　杰(杭州制氧机集团有限公司创业者、见证人):

我叫吴杰,今年89岁,是杭州制氧机厂创业的见证人之一。我们杭氧厂的老领导17个人,目前还剩两个,我算1个。我是绍兴人,父亲在我很小时就去世了,我是跟着叔叔长大的。3岁那年我开始跟叔叔,叔叔在上海从事机械行业。说来也巧,1943年,抗战时期浙江保安司令部修械所(即杭州制氧机厂前身之一的浙江保安司令部修械所)节节败退,一直退到了龙泉安仁。我叔叔因抗战到了丽水的大港头,我也跟到丽水,因叔叔与浙江保安司令部修械所比较熟,在他的介绍下,我进了浙江保安司令部修械所当了一名学徒。当时的修械所以修枪、炮为主,但也能生产捷克式轻机枪和驳壳枪,1个月可以生产10挺捷克式轻机枪。浙保修械所1945年12月开始回迁杭州,一共就留了12个学徒工一起搬迁,我也在其中。还有10多个管理人员。然后,一台机床一条船,开回到南星桥。当时工厂搬迁,国民党政府都是把大多数工人辞退,只留下少数工人帮助搬迁。但大部分被辞退的工人为了生计举家跟着工厂一起走。路上走了1个多月，1946年年初才到杭州，在中山南路673号安下了家。

回到杭州后，浙保修械所业务扩大，开始做民营生意，与地方上的铁工厂抗衡。我记得为了赚钱，当时茶叶机都做，生意很好，地方上的企业竞争不过我们。厂里的人也越来越多，最多时有250多个工人。中山南路工厂地方小，人都待不下了。

就在此时，地下党支部开始慢慢发展。周建新，一个车工领班，相当于现在的车间主任，他是修械所地下党支部的带头人，在工人中威信很高。我也是在他们的帮助下，加入了中国共产党，成为一名光荣的中国共产党党员。

1948年，国民党政府开始发金融券，物价暴涨。那时，我们发了金融券，马上要跑到清泰街换银圆，银圆比较保值。等第二天要用钱，再把银圆卖掉。那时的通货膨胀是难以想象的。记得有个工人是温州人，1个月的工资要养家小。物价一天一个样。等钱寄到温州，1个月的工资只能买1斤虾米。

1949年4月初，在解放战争即将取得全面胜利的前夕，杭州形势一天比一天紧张。杭州城里汽车整天开个不停，国民党都开始往舟山逃。这时，厂地下党支部已经接到通知，解放军不久就要渡江，一定要把工厂保护好。工人一个都不能少，机器一台都不能少！而这时，厂里的共产党员只有3人。200多人的工厂，3个人怎么保护下来？党支部书记周建新决定把工人都动员起来。一天夜里，党支部召集了二三十个工人上伍公山开会。通知时很保密，由一个通知另一个，慢慢传开去。来的人越来越多，大家都想听一听。会上，周建新委婉地透露，解放军要来了。周建新说："机器是我们的饭碗，如果机器被国民党搬走了，我们怎么做工？过去我们跟到龙泉，他们把我们解雇了，到时候我们跟到舟山，他们又把我们丢下。我们要留在这里，保护机器，保护工厂！"那天会议开得很成功，气氛热烈，工人们听了都说对。一传十、十传百，大家都下定决心，不走了。而此时，浙江省保安司令部拼命催促，要求最快时间内拆机器装箱，迁往舟山。每周，还有一名司令部的副官来检查工作。厂里对抗的气氛越来越浓。

要保护机器，速度要放慢。当时厂里已经不生产了，可以说是停产准备拆机器装箱。大家纷纷动脑筋，要怎么“磨洋工”，拖延时间。

第一个方法是把机器拆得零散。本来平板下的两只脚不用拆，可以装在一个箱子里，这时候都拆了，连车床里的摇手柄都拆得很细。本来大机床装3箱已经差不多，这会儿木工箱子也做得多，大家慢慢拆。第二个办法是把机器擦洗一下，弄弄清爽，多花点时间。第三个办法是工人消极怠工，迟到早退，故意跑到外面玩。每次副官来了，都大发脾气说，怎么搞的！机器拆到现在装箱还没装好，先搬保安司令部的军械库。军械库的东西是晚上搬。几个工人偷偷溜进去，用一种三只角的刀，把汽车轮胎戳破。修修要花半天时间，以此拖延时间，一来二去，拖延了半个月。

实际上我们当时已做了最坏的打算，万一敌人强迫迁移工厂，我们就发动工人，在夜晚将机器和设备偷偷地搬到清泰门外护城河里去，到新中国成立后再捞起来。后来幸亏保安司令部提前撤走了，工人、机器都没少。为了防止机器遭到破坏，我们组织了20多人的一支护厂纠察队，日夜轮流值班。5月3日杭州解放，大家顾不上休息，半个月装好机器。1949年5月17日，工厂恢复生产。从此，工人成了工厂的主人。

之后，我一直在杭氧工作，1965年因“大三线”发展的需要，要求杭氧厂到四川自贡建厂，我1968年作为负责人去四川自贡制氧机厂，一干又是15年。改革开放后，我回到了杭州，虽然没有回到杭氧厂，但仍然在这个行业。回杭州后筹建杭州空分公司，一直干到退休。我这一生与制氧行业结缘，与杭氧厂结缘。

二、为生产制氧机做好准备

杭氧厂名字调了好几个。我所在的浙保修械所只能说是前身之一。1949年5月3日，杭州解放，很快，也就是杭州解放两天后，解放军华东军区三野七兵团派王樵、董光华等作为军代表，接管了浙江保安司令部军械所。军代表号召工人们“拿起榔头、摇手柄，迅速地恢复和发展生产”。工人们顾不上休息，只用了10多天时间就恢复了生产，为解放全中国生产枪械。6月，杭州市军管会军事部将“浙江保安司令部修械所”与“七十五军修械所”合并，组成杭州市军管会军事部兵工修械厂。任命马湘平为厂长，崔继勇军代表为党支部书记。随着解放战争的推进，厂里承担的任务越来越重，只要来了任务，工人们都是不分白天黑夜地抢修，尽快送给解放军。后来，我们不仅修理枪械，还为解放一江山岛造过机帆船上的铁锚等，还将木帆船变成机帆船。

1949年8月，根据发展的需要，兵工修械厂更名为公营力余铁工厂，还是马湘平当厂长，党支部书记由张先辰担任。这时我们开始生产民用产品，不断扩大生产规模。但与制氧机还没有任何关系。过了几个月，马湘平厂长调浙江省工矿厅工作，省工矿厅任命从香港回来的机械工程师钱祖恩当力余铁工厂的厂长。正是钱祖恩的加入，为铁工厂日后成为制氧机厂带来了可能。1950年8月1日，浙江省工矿厅决定将力余铁工厂和浙江汽车修配厂合并，成立了浙江铁工厂，任命钱祖恩为厂长。后来，这一天，也就是1950年8月1日，被定为杭州制氧机厂的建厂日。

浙江铁工厂是当时浙江省唯一一家重工业企业，在各方面都得到了省委、省政府的重视。遇到困难，只要向省里反映，总能很快得到解决。当时厂的规格很高，是按厅局级配备的，那时省里还派工作组长期驻在厂里，随时了解厂里的生产情况，发现问题立即解决。当然，省里也把一些难度大的任务交给我们。

人民政权建立以后，摆在我们面前的首要任务是恢复和发展生产。这时的铁工厂也已经从修理汽车、军械，逐步转向民用产品生产。工人们开始接触大量的农业机械和纺织机器，如碾米机、棉纺机、纺织机上的部件等。起初只是修修补补，到1950年后，开始生产机器。

“万事开头难。”自己造机器，当时遇到的困难是我们今天无法想象的。当时局势还不是很稳定，土匪、特务常来破坏；市场上原材料缺乏，投机商还要兴风作浪。工厂内部问题也不少，首先是设备都老掉牙了，十几台老式皮带车床，开起来摇摇晃晃，皮带动不动就断掉，加工根本就没有精密度可言。再一个困难就是没有经验，工人们原来主要是做一些修修补补的工作，要说造机器根本不敢想。当然困难再多、再大，也难不倒工人们。没有设备，我们土法上马，没有经验，我们自己摸索。1950 年 1 月底，浙江铁工厂与中国茶叶公司上海分公司签订了 274 部茶叶机的生产合约，其中炒锅机 77 部、抖筛机 68 部、拣梗机 129 部。为了让制造工作顺利进行，无论是设计人员还是工人，都虚心好学，努力钻研。为了造机器工作顺利进行，设计人员事前仔细核对图纸，发现问题，专门跑到茶厂向有经验的制茶技师请教，大家一条心，边学边干。经过两个多月不分昼夜的奋斗，274 部茶叶机全部完成。由于产品质量好，我们还受到了华东军政委员会工业部的表扬。

杭氧厂还承担过不少类似这样"第一次"的任务。有中央下达的牛奶分离器的任务，是作为向国庆献礼的礼品，我们也很好地完成了任务，产品还被选送参加民主德国莱比锡博览会。还有省重点工程富阳皇天畈水闸的修建，虽然任务很紧、难度较大，但工人们干劲很足，表决心一定要为修建水利工程出力。仅仅用了 7 个多月时间，我们就超额完成了任务。为什么说是超额呢，因为比原先的设计更合理、更完善。皇天畈水闸的修建，不但有力地支援了农业生产，改变了农民靠天吃饭的命运，而且极大地提升了我们厂的生产水平，锻炼了工人队伍，为以后制造更大型、更复杂的设备打下了基础，也带来了可能。

在我的记忆里"吞宝剑"行动是终生难忘的，"吞宝剑"讲的是当时的铁工厂生产出了新中国的第一套麻纺机。

新中国成立后，开始恢复和发展工业经济。由于浙江没有矿产资源，不适合发展重工业，而蚕丝、棉、麻产量较高。为此，当时杭州军管会主任谭震林拍板，先发展纺织业。当时全国还未解放，部队调动奇缺装军粮的麻袋。于是就先决定在杭州办麻纺织厂，专门生产麻袋。

1949 年，麻纺厂开始筹建。1950 年 8 月正式投产，当年就出产品。省委、省政府决定扩大生产，急需麻纺机。由于当时资本主义国家对我们实行经济封锁，不可能从国外进口麻纺机，省委决定把这个任务交给我们厂。我们手头上没有任何现成的资料，唯一有的是一套国民党时期从英国进口的麻纺机。一套麻纺机包括 25 种机器，共 169 台、几千种零件，我们铁工厂从生产铁木结构的茶叶机，转向生产全钢结构的麻纺机，困难很多。刚刚上任的厂长钱祖恩带领工人顶住了压力，把这次任务看成是一次锻炼工人、壮大企业的绝好机会。在省工矿厅召开的会议上，钱祖恩厂长当场表态，浙江铁工厂决心用“吞宝剑”的精神，完成省委交给的光荣任务。行动开始了，钱祖恩厂长组织了1个10多人的图纸设计小组，按照英国机器的实样，一件件拆下来测绘，画成施工图，整理出技术资料；另外，对工人进行突击培训，学习机械制图。有的工人文化水平低，为了学习看图，晚上不睡觉，硬是啃下了这块“硬骨头”。同时，厂里还加强了生产管理，到东北学习苏联的企业管理经验，为提高组织生产能力打下了良好的基础。半年后，在全厂共同努力下，中国第一台自己制造的麻纺织机终于诞生了！它不但式样美观，而且技术上与英国的麻纺织机相比，使用更方便、安全，而且还节省劳动力。我们浙江铁工厂用“吞宝剑”的精神，向省委、省政府交出了一份令人满意的答卷。为了奖励铁工厂的成功，省工矿厅专门拨了4亿元（当时的旧币）给厂里。钱祖恩厂长拿到钱后，让工人讨论怎么用，大家一致同意用这笔钱购买设备。经省工矿厅批准，厂里购置了10台车床，使厂里装备得到了改善。在各方面为生产制氧机做了准备。

三、杭州制氧机厂的由来

说到这里好像与制氧机还是没关系，接下来我就告诉你们。那是1952年的8月，国家重工业部在北京召开全国工矿机械会议，来自全国各地80余家企业的120多位代表出席了会议。厂长钱祖恩和厂党委副书记张光代表我们厂参加会议。就是这次会议决定了我们厂的命运，使铁工厂成为制氧机厂。

国家重工业部召开的这次会议，有一项重要的内容就是布置空军用移动式制氧机、充氧车和高压空气压缩机等产品的制造任务。当时参加会议的华东各厂的负责人几乎都未接触过制氧机，谁也不敢表态请战。钱祖恩可能是参加会议中为数不多接触过制氧机安装的人，对这类设备的原理和机组情况有些了解。但是仅凭这点基础就要接下生产制氧机的重任，风险很大。钱祖恩作为一名机械工程专家，被强烈的责任感驱使，在振兴祖国工业愿望的鼓励下，与同行的副书记张光商量后，大胆地在会上表态：我们浙江铁工厂可以接受这一任务！这一主动请战，虽然有一定的风险，但绝不是一时冲动。

钱祖恩 1930 年毕业于上海交通大学机械工程学院，在机械制造方面有很深的功底。1950 年，我们省工矿厅高薪将他从香港请回内地，支援机械事业的发展。相对于其他厂对制氧机一无所知，钱祖恩的这些经历肯定是最具竞争力的。于是，华东代表团一致同意推荐浙江铁工厂承担制氧机的生产任务。国家重工业部采纳了华东代表提出的建议，指定浙江铁工厂为制氧机生产厂家。到这时我们才开始与制氧机扯上了关系，正是这次主动请缨，才造就了日后杭州制氧机厂在中国乃至国际空分设备领域的地位。当时，世界上只有美、苏、法、德、日等少数国家能够生产成套的制氧机。中国不仅不会制造，就连运用都很少，全国只有少数几个沿海城市拥有制氧机，而且单套制氧设备的生产能力只有 1 小时 10—200 立方米。

制氧机制造业，也就是空气分离及液化设备制造业，是一门新兴工业，空气分离及液化设备(也称为空分设备)是以空气为原料，通过压缩循环、膨胀制冷、深度冷冻的方法把空气变成液态，再经过上、下塔精馏，从液态的空气中逐步分离出氧气、氮气及氩气等气体的设备。由于最初的空分设备以生产氧气为主，所以空分设备俗称制氧机。

任务下来后，回到厂里，钱祖恩做的第一件事就是向上级提交了辞职报告，理由是要专心致志做好制氧机的开发和生产。上级同意了他真诚的请求，让他担任第一副厂长兼总工程师。

当时是抽调厂里主要技术人员和技术工人，组成新产品试制室。在技术准备阶段，钱祖恩除了审图，还组织大家学习苏联的技术标准和新技术，准备好质量检测仪器等。

1952 年 10 月，中共浙江省委把时任温州地区专署副专员崔子明调到当时的浙江铁工厂任厂长，因党委书记调动，省委又任命张光为党委书记。之后厂里召开了中层干部会议，向大家传达了国家的重要决定。大家讨论的焦点集中在生产制氧机是国家的空白，我们能否填补空白。崔子明厂长说了一句话:“我们要用吞宝剑的精神,把这项任务吞下去!”

真是好事多磨。制氧机还未正式开始生产,因抗美援朝的需要,华东工业部下达了试制充氧车的任务。为了抗美援朝的需要,厂里决定推迟制氧机的试制,全力抓紧军工产品的生产。到了 1953 年的 6 月,我们试制成功了两台充氧车。7 月 1 日,厂里举行了隆重的典礼,向我们党的生日献上了一份厚礼。到了 1953 年 8 月,浙江铁工厂正式更名为国营杭州通用机器厂,不久又重新开始了试制成套制氧机的准备工作。那时,我在供销科当科长,千方百计找材料,保证生产。

当时,我们手头没有制氧机的任何资料,只能照搬苏联的。对苏联进口的 30 立方米制氧机进行剖析,把其中的高压空气压缩机和氧气压缩机整台机器拆下来照样画图。同年 11 月,一机部正式向杭州通用机器厂下达了 30 立方米制氧机的试制任务。

苏联的标准和我们的标准不一样,氧气需要把温度降低,降到零下 183℃,氧气变液体了,所以各种气体的临界温度不一样,苏联天气冷,容易达到这个标准,我们国家尤其是杭州温度高,不容易达到这个标准。中央再三强调,苏联的规定不准动。我们还闹过笑话,我们不敢做任何改变,把苏联气缸里面的沙孔也照样做了,所以漏气了,为什么他们可以,是因为他们天气冷,到了我们这里就不行。

1955 年,设备制造全面展开,大家真是全身心地投入。那时厂领导很多都不懂技术,但都肯学习和钻研,管理也很有起色。9 月,厂党委发出号召:要求到年底完成试制工作“出氧过年”。号召一出,立即得到全厂职工的响应。全厂上下齐心协力,12 月设备试制完成。

1956 年的 1 月 1 日,试车正式开始,制氧机终于开动了,却不制氧。我们开会找问题,功夫不负有心人,问题终于找到了,再试车。真是一波三折,氧气终于出来了,但纯度却未达到设计标准。为了尽快找到问题所在,技术人员和工人把铺盖搭在机器旁。1 月 3 日试车再次进行,一切顺利。当化验员报告氧气纯度达到标准时,大家奔走相告,我们终于成功了!——这是杭氧人值得永远铭记的日子。

从此,杭州通用机器厂踏上了专业化批量生产制氧机的征程。之后我们的制氧机规模从30立方米开始做，做到50立方米，再到100立方米、1000立方米，我1968年离开杭氧去支援“大三线”建设的时候已经做到3350立方米。

由于制氧机生产能力不断提升，1958年12月，杭州通用机器厂正式更名为杭州制氧机厂。

四、杭州制氧机厂与我国的空分设备

20世纪50年代，发达国家的制氧技术迅速发展，无论是在生产能力还是研究能力上都有了长足的进步。国内冶金、化肥以及各项尖端科学研究和国防事业的发展，制氧机已成为机械行业中的一项奇缺产品。1958年，在这一背景下，根据一机部的指示，杭氧抽调了16名研究人员建立了“制氧及冷冻设备研究室”，使行业里有了专门的研究部门。1960年，一机部批准建立杭氧研究所，很快研究所在原来“制氧及冷冻设备研究室”的基础上建立起来了，人员也发展到150多人。1961年，在全国第一次稀有气体与液化设备会议上，决定将杭州制氧机研究所作为我国空气分离及液化设备行业的技术情报中心。经批准，杭州制氧机研究所创办了专业科技刊物——《深冷简报》。这样我国空气分离及液化设备行业就有了自己的科研基地和科技情报中心。

杭氧厂不仅在科研上成了全国制氧行业中的龙头，也是全国制氧行业生产制造的龙头。

1958年，开封建设制氧机厂，杭氧厂选派了80多名技术人员、技术工人和管理人员支援开封。后来还有长春、西安和兰州等地建厂杭氧都派过人，包括杭州重机厂的建设，直至20世纪60年代“大三线”“小三线”的建设，杭氧都输出了大批技术力量和管理人员，我也成了其中的一员。

1968年我被派到四川，担任了那里建厂的负责人。当时中央很重视，要求建大厂。杭氧厂属于大厂，为此，下命令说要将杭氧厂一分为二，杭氧厂当时有职工6000人，一分为二，3000人到四川去，3000人留在这里。杭氧有的四川都要有，杭氧没有的四川也要有，必须坚持这样一个原则。所以现在杭氧这边没有的，在四川那边就有。但是四川也有它的局限性，就是那边的天气不好，从12月开始，一直到第二年的5月都看不到太阳，这就会影响制氧机的分离，而且那边又属于山沟沟里面，交通也十分不方便，只有一条铁路通过去，而且是单线的铁路。起初工厂选址是在四川自贡，因正值“文化大革命”期间有些工人想趁乱离开，上面不同意，就是要求一定要留在四川，允许你到四川别的条件比较好的地方去建厂，所以就从自贡搬到了简阳，也就是成都到重庆这条铁路沿线的一个县，属于资阳市管。而且简阳这里到成都只要1个小时，也比较方便，最后开始在那边建厂。

实际上一开始建厂时，不是派我去的。当时“文化大革命”的时候我在杭州，作为走资派厂领导都被打倒了，我是比较早被“解放”的。当时杭氧厂正副6个厂长，有些因为年龄大，有些身体不好，大多数都处在“靠边”站阶段。我当时是管生产的，可以说斗争矛盾没有在我这里，而且部里规定一定要派老领导去，所以他们千方百计把我解放出来并派过去，这样我就到四川去了。

1968年正式开始建设，1976年开始试生产，1978年才开始正式投产。最后杭氧厂一共去了1000多名工人，近800名家属，一共1800多人。我在四川一待就是15年，完成了组织交给我的任务。

五、我最难忘的二三事

第一件事是钱祖恩厂长的大胆请缨，才有了制氧机制造业落户杭州的可能。因为“一五”时期，杭州属前线，国家不可能把一些大的制造业放在杭州。所以，杭州成为制氧机制造业的基地，没有老厂长是不可能的。当时也正是有了杭氧厂的成功，才使其他一些制造业能在杭州落户并发展。如杭州汽轮机厂，现在也是我国屈指可数的行业佼佼者，要知道最初也是杭氧厂投资建设的。

第二件事是“吞宝剑”行动。“吞宝剑”行动，最初是因为生产我国第一套麻纺织机时，困难很大。杭氧厂能克服一个又一个的困难，勇敢地走到今天，也是靠的这种“吞宝剑”的精神。

第三件事是抓技术、抓质量。杭氧厂最珍贵的经验还是靠专业技术，杭氧厂本来技术水平是很低的，在还是浙保司令部修械所的时候，机床都是烂机床，做出来的产品质量差，国民党要求不高，我那个时候做学徒工，枪管子是要靠钻床打洞的，当时只要打通就好了，内径不直，也没人管，只要好用就行，准头都没有。“好用思想”就是从那时候开始的，只要好用就行。后来杭氧厂从领导层面开始批判“好用思想”，一律使用图纸生产，精益求精，专业技术在业内一流。

第四件事是管理制度严格。杭氧厂管理制度比较严格，从“好用思想”逐步转到规范管理。杭氧厂的制度也是出了名的严，别的厂都没有这么严格的制度规定。当时，供应科就做到限额发料，按照生产的定额发料，如超过标准就必须重新申请报批。企业管理制度整顿搞了几次，不断规范、严格，杭氧厂把管理制度拿出来，杭州其他的工厂就都来参观学习。

杭氧厂能走到今天，取得这样的辉煌成绩，勇于战胜困难的勇气，过硬的专业技术，严格、科学的管理制度功不可没。我衷心地希望杭州制氧机厂不断前行、再创辉煌！

撑开为伞，收拢成竹——西湖绸伞的创业历史

伞，是历史悠久的日常用品，在我国，丝绸织物出现后，就逐渐出现了以丝绸做伞面的伞，《通物志》中曾记载："张帛避雨，谓之伞盖。"中唐之后，绸伞进一步流行。时为南宋临安的杭州，曾是全国制伞中心。市场上绸伞品类繁多，有大小黄罗伞、清凉伞、红绿小伞和方伞等，可供顾客选择。那时，绸伞大多用于宫廷和官宦人家，成为地位和身份的象征。及至近代，杭州西湖绸伞脱颖而出，成了中国绸伞家族中的突出代表。

西湖多雨，又以绸作料，就有了一把以湖命名的伞——西湖绸伞。植根于杭州的西湖绸伞，因伞面映射杭州西湖胜景，因此受到大众的青睐，而驰名中外。为传承保护我国优秀文化遗产，2008 年我国已将"西湖绸伞"列入第二批国家级非物质文化遗产名录，同时也被列入"首批杭州市传统工艺美术重点保护品种和技艺"加以保护与保存。

一、第一把西湖绸伞

杭州西湖绸伞始创于 1932 年，由杭州都锦生丝织风景厂研制成功，至今已有 80 余年历史。都锦生(1897—1943)，号鲁滨，杭州人，1919 年毕业于浙江省甲种工业学校机织专业，留校任教。在教学实践中，他亲手织出我国第一幅丝织风景画"九溪十八涧"。1922 年 5 月 15 日，在杭州茅家埠家中办起都锦生丝织厂。1926 年，都锦生已拥有手拉机近百台，轧花机 5 台，意匠 8 人，职工约 130 人，已经成为名副其实的工厂。20 世纪 30 年代，江浙一带的工商业在风雨飘摇中逐步发展，经济和社会生活日趋繁荣。杭州都锦生丝织风景厂生产的风景丝织物名噪一时，但有个美中不足的问题就是每年只销春、秋、冬三季。到了夏季，工厂一部分车间就得停工。实业家都锦

生不满足于现状，为了弥补淡季生产之不足，寻思开发与丝绸织物有联系的新产品。1932 年，都锦生组织一批工人到日本进行访问考察，带回 7 把日本绢伞。当时的日本绢伞式样谈不上美观，伞面粗糙发白，也没有什么图案花样，但都锦生厂从中受到很大的灵感启发，设想充分利用杭州地区的地方特产——丝绸和竹子，尝试制作绸伞，于是调集厂里的制作人员，其中以竹振斐艺人为绸伞研发的技术骨干，不惜代价试制西湖绸伞。绸伞的伞面用绸是不成问题的，都锦生丝织风景厂有专机可以织造，伞骨问题较大，当时杭州没有人会做，厂方派人四出访贤，最后了解到富阳鸡笼山有一个纸伞工——戴金生，擅长制作纸拿骨，都锦生不惜重金聘请戴金生，试制绸伞骨子。戴金生经过 1 年多的精心琢磨和实践，终于成功了。伞骨问题解决后，其实还有不少困难。如刚开始是伞顶开洞太大，装上去的伞面会产生皱纹，很不雅观，浪费了几十匹绸缎，经过半年的摸索最后才得以解决。还有伞头包不好，撑伞时不灵活，又容易折断，摸索了 3 个月方才突破。

伞面的装饰也是反复推敲而定的。投产初期，只有 5 人参加试制生产，每把伞卖 7.50 元（约合一担米的价格，一担米就是 100 斤米）。第一批绸伞伞面没有什么图案花样，与日本的绢伞相差不远，所以伞的销路并不好。1934 年春节后，都锦生曾聘请一个善绘花鸟的大学生为绸伞伞面做装饰设计，半年画成了蹲头、方块、白鹿等图案，但颜色与绸伞不协调，消费者仍然没有什么兴趣。后来雇用人工刺花，但刺花图案不够生动，无法衬托虚实明暗，仍没什么业务。最终采用以西湖风景来代替其他图案，用刷花工艺进行表现而定格，从而真正体现出绸伞的独特情趣。

一把绸伞经过多次艰辛的革新试制，经历了两个春秋，终于在 1934 年仲夏之时，极具江南风格的西湖绸伞制作成功了。都锦生先生为扩大新产品的影响力，花费 800 多元，特别邀请了当时红遍大江南北的上海电影明星胡蝶、徐来到杭州，为绸伞成功开发的庆典揭幕并为新产品做广告。西湖绸伞一炮走红，成为当时上流社会的时尚。从此这个蕴含了杭州地域文化特质的绸伞，随着杭州西湖的亮丽景色而饮誉中外，扬名天下。

二、乱世中的西湖绸伞发展

都锦生丝织厂为了垄断绸伞生产，曾试图千方百计保守技术秘密。1935 年，都锦生丝织厂的工人、西湖绸伞创始人之一——竹振斐离开了都锦生丝织厂，用100多元资金在本市茅家埠，自己搭建了简单的绸伞作坊，应该说是创办了第一家专门制造西湖绸伞的作坊，取名“振记竹氏”。最多时“振记竹氏”作坊有15名工人，月产量达到250把，但不久，由于缺少资金，西湖绸伞淡旺季变化幅度太大等原因，亏本负债，工场倒闭。刚巧此时，启文丝织厂老板从香港回来，看到西湖绸伞，认为这个产品还是有利可图的，就聘请竹振斐到启文丝织厂去工作。都锦生和启文两家丝织厂为了竞争绸伞生意，一方面以降低一半左右的绸伞价格进行销售，另一方面增加生产。同时，在本市南班巷等处也相继有“王志鑫”等零星的绸伞生产家庭小作坊，所产的绸伞一般是放在杂货店里零售。

在抗日战争全面爆发之前，杭州本市的绸伞仅限于市内门售，销售对象是西湖游客。由于春秋两季西湖游客多，经常供不应求，需要预订，有的游客为了订购绸伞，甚至在杭久留不归，各厂各户往往加班加点生产，有时也会粗制滥造来应付顾客。而每年9月开始到下个年度的2月属于淡季，又会因为绸伞没有销路而使得一些作坊停产转业。全面抗战前夕，全市绸伞年产量逐渐发展到800把。制作西湖绸伞的工厂(作坊)共有6家，从业人员30人。抗战全面爆发后，杭州一度沦陷，游客绝迹，绸伞生产全部陷入停顿状态。抗战胜利后，西湖游客逐渐增多，绸伞业又开始恢复。国民党统治区的市场，一度出现虚假繁荣，到1948年，西湖绸伞的年产量超过1万把，西湖绸伞的从业人员也发展至56人，达到新中国成立前历史上的发展顶峰。

三、新中国成立之后的西湖绸伞

(一)成立杭州风景绸伞厂

新中国成立后，党和政府重视并大力扶持手工艺品的生产和发展。1951年和1952年，连续开了两次浙江物资交流大会和杭州土特产交流大会，把绸伞列为杭州特种工艺品之一。省土产出口公司和绸伞生产户挂上了钩，一方面，直接向绸伞生产户订货，并帮助他们到银行贷款；另一方面，帮助他们到上海、天津等地打开销路。1952年下半年，西湖绸伞作为本市第一宗出口的手工艺品，由土特产出口公司收购外销苏联。此时，杭州的绸伞正品全部出口苏联，流向各社会主义国家以及印尼、锡兰、意大利、菲律宾、印度、缅甸等40余个国家，绸伞从国内市场扩大到了国际市场；国内销售由本市扩大到上海、东北、华北、西北等地区。由于打开了销路，那一年全市绸伞总产量达到17360把，还供不应求。

绸伞工人以前旺季来、淡季去的困苦生活从根本上得到了改变，绸伞业迅速发展起来。据1953年初杭州市工业生产合作社联合社组成的绸伞调查组调查，全市共有绸伞生产户5家。每月生产绸伞2000余把，生产均分散在各自的家庭里，互相严格地保守技术秘密，产品质量和规格也各有差异，生产绸伞所用的绸向中蚕公司预订合约，所用丝线、鱼胶、包头纸等辅料在杭州市场上采购。所用伞骨是由省土产出口公司向富阳鸡笼山农户收购，然后，分配给各户。当年，土特产出口公司发动100多人投入伞骨生产，有力地支持了绸伞的发展。到年底，绸伞生产户增加到9户，全年产量达62112把。

为了提高绸伞质量，解决各生产单位之间在原材料供应上的矛盾，便于土产出口公司的统一收购，满足出口任务的需要，1953年，省、市政府部门组织振记竺氏伞作、金星绸伞工业社、万丈伞作、王志鑫伞作、徐顺德伞作、老人和伞作、孙沅兴伞作、“五一”绸伞作、“三一”绸伞作等9个绸伞生产户，组成杭州市“绸伞联营处”。“绸伞联营处”各户其实还是分散生产经营，各负盈亏。浙江省土产出口公司通过联营处向各户订货，供应原材料。

1954年12月6日，在合作化高潮刚刚兴起的时候，由“五一”绸伞作、“三一”绸伞作、振记竺氏伞作、王志鑫伞作、徐顺德伞作5个绸伞生产户与金星绸伞工业社合并成立杭州市绸伞生产合作社，当时有社员59人，固定资产0.013万元，流动资金1.16万元，社址为小营巷58号。合作社发展很快，成为杭州绸伞业的主力军。1956年1月，万丈伞作、孙沅兴伞作、老人和伞作、金星绸伞工业社4个绸伞生产户并入公私合营德丰新绝缘材料厂，成立绸伞车间，后来划转到公私合营印花绸伞厂，后又划转到公私合营丝绸印染厂。1957年7月1日，丝绸印染厂的绸伞车间与都锦生丝织风景厂的绸伞车间合并，成立公私合营杭州绸伞厂，职工80人，厂址在天水桥。

通过一系列的合作、合营，虽然改变了一家一户的生产方式，但经济类型多，管理制度混乱，工资制度也不合理，一定程度上影响了绸伞生产者的劳动积极性。1956年，全市绸伞从业人员虽然仅有200余人，经济类型却有公私合营的绸伞厂，集体所有制的绸伞生产合作社，季节性生产纹工社绸伞工场（纹工一般在冬季为旺季，夏、秋淡季中有部分踏花边人员临时改做绸伞）以及工场手工业和个体手工业联合起来的“绸伞联营处”。因此，在绸伞产品上容易发生步调不一致的现象，各单位相同工种计件单价也不一样。

为了缓解绸伞生产合作社和绸伞厂归属不一，领导多头，在原料、销售、价格、分配等方面的矛盾，组建全市性集中的绸伞生产企业势在必行。1958 年 9 月 29 日，杭州市绸伞生产合作社、公私合营杭州绸伞厂以及杭州市丝织风景生产合作社 3 家企业合并，这时候，杭州全市所有绸伞生产单位和绸伞艺人均汇集到一个厂，成立地方国营杭州风景绸伞厂（后改名为西湖伞厂），形成了绸伞业统一的局面。厂内划分 3 个车间：一车间为厂部所在地坝子桥弄 18 号，二车间地址天水桥，一、二车间为制伞车间；三车间为丝织风景车间，地址是林司后 68 号。后又建立了车木车间和油漆组。

（二）杭州西湖绸伞的辉煌

西湖绸伞发展史上的鼎盛期，要数 1958 年和 1959 年了。经历了风风雨雨之后的这段时间里，绸伞产量急剧增加，从业职工达 457 人，绸伞的规格、质量也有不少改进。伞绸从原用较厚的钢扣纺改用丝织造，使绸伞更具半透明的朦胧意趣，花板由单套改为双套，风景图案从单色改为彩色，加以改进刷花方法，伞面图案更加鲜艳秀美。包伞头从原用皱纸改用绸料和牛皮纸，增加了牢度。品种由单一的普通绸伞，增加了彩虹伞、漆骨伞、绘花伞、排须伞、绣花伞、乔其纱伞、长头柄伞、晴雨二用伞等 12 种；伞面花样由原来的“平湖秋月”“三潭印月”“苏堤春晓”“断桥残雪”“雷峰夕照”“六和塔”等 9 种杭州风景，增加到“首都北京”“南京”“苏州”等地 10 多种；绸面颜色也从原来大红、品兰等 6 种增加到 17 种。风景绸伞厂的艺人们提出口号：“要用我们的劳动和智慧，把杭州装饰得比天堂还美。”风景绸伞厂还开展劳动竞赛，1959 年，西湖绸伞的产量突飞猛进，上升到 60.23 万把，达到其有史以来产量、销售量的最高峰值，使其焕发出了最亮丽的光彩，与新中国成立前产量最高的 1934 年相比，增长 59 倍；出口量达到 40 万把，荣居杭州市手工艺品之首，产品还外销苏联、欧洲等地区。那一年，不管是绸伞年产量还是出口量，均达到了绸伞生产历史上的最高峰。

当时，主管部门为了支持绸伞生产大发展，经市计委批准，拨款 5 万元，在天水桥征地建造了一幢 3000 平方米的绸伞大楼，杭州市工艺美术研究所设立了绸伞研究室，大大促进了绸伞生产的发展。

表 1　西湖绸伞历年产量、出口量一览表(1934—1962 年)

年份	产量(万把)	出口(万把)	年份	产量(万把)	出口(万把)
1934	0.01	—	1952	1.73	0.6
1935	0.08	—	1953	6.21	5.11
1936	0.1	—	1954	9.43	7.87
1937	0.03	—	1955	1091	8.20
1938—1945	抗战停产	—	1956	18.11	15
1946	0.014	—	1957	32.19	25
1947	0.1	—	1958	44.24	32
1948	1	—	1959	60.23	40
1949	0.36	—	1960	44.07	8.2
1950	0.48	—	1961	21.66	10.24
1951	0.99	—	1962	26.34	13.88

(三)杭州西湖绸伞的衰退

西湖绸伞是从 1952 年开始大量出口苏联，再由苏联分销到东欧各国。由于出口苏联一直是西湖绸伞唯一的外销渠道，因而西湖绸伞一度成为中苏关系的晴雨表，也成为中苏关系恶化的直接受害者。20 世纪 50 年代末，正当西湖绸伞扶摇直上的时候，由于受中苏关系恶化的影响，绸伞出口急剧减少，生产、经营一落千丈、急转直下。1960 年二季度，出口计划骤然中止，上海进出口公司不久也停止了收购，外销渠道完全断绝。再加上国内正处于三年困难时期，人民生活水平下降，市场上根本没办法销售西湖绸伞，企业也一时濒临绝境。上级主管部门为了缓解企业的压力，1960 年六七月间以“大办钢铁”“支援重工业”为由，从厂里调走 250 名职工。由于产品无销路，企业还是不能维持，主管部门再借出 114 名职工到外单位工作，有去园林管理局拔草的，有去游泳池当管理员的，有去扎剪刀，摇龙头麻线的，厂内仅留 57 人坚持小批量的绸伞生产。留厂职工每月领取 50%—75%的工资，外借职工的工资差额由外单位酌补。不久，企业的经济性质也由全民所有制调整为集体所有制。

表 2 西湖绸伞历年产量、出口量一览表(1963—1986 年)

年份	产量(万把)	出口(万把)	年份	产量(万把)	出口(万把)
1963	11.18	—	1975	—	—
1964	2.34	—	1976	—	—
1965	1.68	—	1977	0.13	0.1
1966	1.4	—	1978	0.64	0.5
1967	1.13	1.02	1979	1.16	0.38
1968	0.89	0.77	1980	1.48	0.44
1969	0.58	0.44	1981	1.55	0.51
1970	—	—	1982	1.65	0.67
1971	0.04	—	1983	1.16	0.27
1972	0.36	—	1984	1.1	0.28
1973	0.45	0.14	1985	1.04	0.01
1974	0.36	0.15	1986	1.23	0.01

资料来源:黄燮浩.杭州西湖伞厂厂志(1958—1986)[G].杭州:杭州西湖伞厂,1988.

1966 年“文化大革命”开始后,绸伞被当作“四旧”,当作资产阶级生活方式的物品被列入扫荡之列,到 1968 年、1969 年的时候,绸伞生产已经奄奄一息了,1970 年被迫停产,绸伞生产被撤掉,职工也被分配到其他生产班组,改做钢骨晴雨伞。

1972 年 2 月,美国总统尼克松访华。在访华行程中,他离开北京后的第一站即到杭州。饱含中国文化深蕴的西湖受到尼克松一行交口称赞,西湖绸伞也被选为国礼送给美国客人。绸伞作为赠送外宾的高级礼品,再次受到外事部门的关注,柬埔寨西哈努克亲王等不少尊贵的客人来华访问,都被赠送了绸伞。随着中美关系的改善和中国对外交往的扩大,绸伞的外贸需要也出现了新的发展趋势。为了满足出口的需要,杭州重新建立绸伞小组,开始小批量生产。这时,中央也下达了保持传统工艺产品的指示。绸伞慢慢恢复生产,但数量仍比较少,1972—1974 年期间,每年只有三四千把,1975 年和 1976 年两年,由于绸伞原料淡竹来源困难及价格等方面的原因,出现经营性的亏损,再度停顿。为保留传统产品,1977 年后恢复生产,但数量极少。

1978 年,杭州成立了工艺美术研究所,在所里专设了西湖绸伞部门,竹振斐受聘于西湖绸伞工作室主任。他便利用研究所的有利条件,开展了绸伞的新产品研发。这期间,他陆续带了 5 位学徒。其中,宋志明先生目前仍在从事这项工作,2010 年被列为杭州西湖绸伞“非遗”传承人。

改革开放后，绸伞的产量开始恢复。1979 年至 1986 年，绸伞每年的产量不过 1 万余把。1986 年，绸伞生产的产值只占西湖伞厂总产值的约 1/500，制作人员为全厂职工总数的约 1/50。

20 世纪 80 年代，冒牌“杭州西湖绸伞”大批涌入市场，尤以江西产“杭州西湖绸伞”为盛。这种伞以仿真的人造纤维作伞面，伞骨也以劣质毛竹所制，伞面图案庸俗，工艺粗糙，售价仅及杭州西湖绸伞的 1/3，甚或更低。这些伞，由于价格便宜，而多数外地游客只知绸伞是杭州特产，不辨真假，结果使其市场占有率极高，大大降低了杭州西湖绸伞的文化内涵及品质口碑，严重冲击了杭州西湖绸伞的市场。

面对假冒伪劣充斥的绸伞市场，人们不禁要问：真正的西湖绸伞是什么样的呢？

四、西湖绸伞的设计之美

“绚丽多彩遮得暑，西湖绸伞美绝伦！”这是一位日本朋友用高超的书法，写下的赞美西湖绸伞的诗句。在出售西湖绸伞的柜台前也经常可以听到这样的美誉，西湖绸伞称得上杭州工艺品中的佼佼者。据外贸人员说，如今不论在纽约、伦敦，或在巴黎、东京，甚至阿拉伯半岛上，都可以看到西湖绸伞，它展现出中国古老文化的高度艺术成就。

说到西湖绸伞诗情画意的工艺，主要以伞体的材质美、工艺美和画面美的设计制作而一绝天下。

(一)材质之美——淡竹丝绸的绝美组合

从材质美上讲，西湖绸伞撑开放射性伞骨的竹是采用杭州附近安吉、德清一带特有的淡竹，而不是一般的毛竹。淡竹有质地细腻、竿直均匀、色泽玉润、性韧坚实、暴晒不弯的特点。制伞的淡竹要求直径在 4—5 厘米之间，竹节上下间隔在 25—26 厘米之间，竹面无斑、无阴阳面、生长期在 3 年以上竹龄，选竹，俗称“号竹”，每年霜降后的腊月是最佳砍伐时节。过嫩、过老、过小的竹都不能要，每根淡竹只能选取 2 至 3 把伞骨，其余的另作他用。由一节淡竹竹筒均匀劈成 32 根或 36 根细条长伞骨，另配短伞骨和杆组成伞体，收拢时像是一段淡雅的圆竹，这样握在手上才能显现出舒适的美感。伞头和伞柄采用上好的木纹细密的樟木，而伞面的面料选择也很讲究。杭州是“丝绸之府”，杭嘉湖平原盛产蚕丝，丝绸中最佳的选择是薄如蝉翼的乔其纱，很适合制成伞面。织造精细、质地轻软、透风耐晒、易于折叠，常用的西湖绸伞伞面色有正红、枣红、墨绿、宝蓝、粉绿、桃红、天蓝、群青、粉绿、草绿、柠檬黄等20余种，当然也有蓝印花布和万缕丝以及电脑绣花等。而流传于民间的《白蛇传》中“湖畔借伞”的故事更使西湖绸伞增添了一分神话色彩。淡竹和丝绸的绝配，使西湖绸伞的画意跃然于潮人面前……

(二)工艺之美——18道工艺口传心授

“撑开一把伞，收拢一根竹”，这是西湖绸伞的主要特色。西湖绸伞选材上考究，在制作工艺上更胜一筹。西湖绸伞的主体由伞骨和伞面组成。伞骨采用江南独特的淡竹制成，这种竹篾质地细洁，色泽玉润，烈日暴晒也不会弯曲；同时采用古老的套合技艺，不用任何黏合剂。它的圆形伞面采用特制的伞面绸制作而成，这种伞面绸薄如蝉翼，织造细密，透风耐晒，易于折叠，色彩瑰丽，随着人们审美观念的改变，绸伞伞面有了新的变化，除丝绸外，还采用蓝印花布、手工万缕丝、电脑绣花布等面料。伞面还加以刷花、绘花和绣花等装饰：刷花采用多种套色，以杭州西湖风景为题材；绘花则采用中国传统国画的技巧，以仕女、花鸟为主；绣花则题材多样，工艺精细，鲜丽秀雅，具有良好的艺术效果。西湖绸伞制作精巧，因其利用杭州本地独有的淡竹资源、杭州丝绸和杭州西湖风景装饰图案三项具有杭州特色的创作设计风格，同时具有精致的选材、繁复的18道手工工艺流程和丰富的品种规格而名扬天下。除了采竹、劈竹、伞骨加工、车木在产竹基地制作，其后续几道工序更需精工细作，全部采用手工完成，环环相扣、口传心授、师传徒承。

西湖绸伞种类分为日用伞、装饰伞、舞蹈伞、杂技伞、排须伞等。“张开一把伞，收拢一根竹”是西湖绸伞的主要特点，其造型轻盈、设计奇巧、制作精细、高雅美观，既有日用价值，又有欣赏价值，具有江南艺术之神韵。

(三)画面之美——三花工艺不可或缺

西湖绸伞在材质美、工艺美上是胜出的关键，而伞面的画面美更是不可缺少。伞面装饰传统工艺上俗称三花，即“画花、刷花、绣花”。说到伞面上的绘画，那与在纸质、板质、布质上的绘画有本质的区别，伞面乔其纱临空发软，纱料经纬密度不高，在纱上绘画如同赤着脚在蹚河泥一样，笔势、水分、顿、挫、提、按的快慢速度都需掌握得恰到好处，这样才能充分表达出所需要的艺术效果。

“刷花”是西湖绸伞在20世纪六七十年代发展盛行起来的，因出口创汇需要，国家出口工艺品数量剧增，西湖绸伞每年产量要60多万把。设计师们设计好图案，用清漆刷过的马粪纸，晾干后在上面绘制组合图案，镂空刻制成套色版样，根据色版，层层刷色、简洁方便、易于生产。“绣花”的西湖绸伞，是比较精贵的一种，其中盘金绣又名金银绣，是杭州刺绣最古老的绣种之一，用比丝线粗两三倍的金银线，用齐针、别针、套针的绣法，在西湖绸伞上绣制出《二龙戏珠》《飞龙》《百寿图》《宝相花》等，可谓富贵经典。收藏艺术价值令人叹为观止。

西湖绸伞种类可分为日用伞、装饰伞、舞蹈伞、杂技伞、戏曲伞等。随着人们生活水平的提高和对精神文化的中国梦追求，对于西湖绸伞的个性化艺术要求也日趋提高，而手绘的、精制的、个性化的伞面图案绘制越来越受到人们的热捧。这些赏心悦目的美丽伞面，以及其独特的材质美、工艺美和画面美成为工艺美术艺术中永不凋零的奇葩。

五、西湖绸伞的18道工序

制作西湖绸伞有18道工序，第一道是选竹，制作绸伞的竹子一般选用浙江安吉、德清一带的竹子，但是它不是毛竹，是淡竹，选竹时我们跟着师傅由竹农带着到一块集中的毛竹林里，碰到合适的竹子我们拿一只油漆罐和一支毛笔做上记号。不是每支淡竹都可以用的，一般选择生长期在3年以上时间的竹子，口径要在五六厘米，不能有阴暗面，然后做上记号，由竹农砍下来。为什么要选择直径在五六厘米的竹子呢？主要是考虑雨伞收拢后的手感问题，收拢后手捏不牢就太粗了，绸伞就不精细了。选竹的时间一般是每年的“双抢”以后，“双抢”后的毛竹病虫害少了，但是即便这样，也是要在做成伞架后进行防腐处理的，一般春竹是用不来的。选好竹子后就拿到加工点，劈伞骨、做伞架，也就是第二道工序伞骨加工了。我们主要是跟着师傅做检验。西湖绸伞伞骨的制作是很有讲究的，都是手工劈的，一把伞劈下来骨子要均匀，粗细要一样，粗细不一样伞收拢时的效果就不好了，就不圆了。这个过程是蛮苦的，我们都是在农村里蹲点，要住在农民家的，比如我们到安吉选好竹子，再拉到富阳的伞骨加工点加工伞骨(因为伞骨质量要由我们来检验的)，这个过程我们都要跟牢。等伞骨做好了，我们再拉回杭州制作绸伞，包括伞面装饰、伞骨撇青、上架、串线、剪边、折伞、贴青、刮胶、装杆、包头装柄、穿花线、钉扣、修伞、检验、包装，加上前面的选竹和伞骨加工一共18道工序。这18道工序里最有技术性的就是上架，所谓上架，就是把伞面上到骨架上去，要求一定要平整，不能起皱；还有一道是贴青，我们做绸伞时要把竹子的篾青与伞骨分开，分别编上号码，等把伞面夹在两者中间后，再按照对应的号码归位，这样把伞骨收拢后就是原来竹子的形状。

表3　18道工序名称及要求

序号	工序名称	工序要求
1	选竹	选择生长期在3年以上时间的竹子，口径要在五六厘米之间
2	加工伞骨	骨子要均匀，粗细要一样
3	裁绸拼角	选好居中圆心把绸拼成伞面圆形。要求选好料，拼角要居中，针脚不宜过长，一般每厘米两针
4	伞骨撇青	把伞骨的篾青和篾黄分开，并编好号，要十分注意，篾青不能撇断，上下编号字迹要清楚，第一根竹青和最后一根竹青按顺序做好记号
5	换腰边线	伞骨劈好钻孔后开始是用普通的棉纱线经孔穿起来的，做成伞时要把此线换成彩丝线，伞面绸用什么颜色，丝线也用什么颜色，且注意不要把杈短拉破，边线要拉紧
6	绷面上浆	上浆前首先要检查绸面是否有白斑、跳丝、断头，绷时丝纹要拉正直，上浆要匀，当心绷圈成蛋形驼背状
7	上架	比较容易做成，只要注意胶水涂均匀，档子上排均匀，不跳即可
8	剪糊边	剪边要一样宽窄，不能太宽或太窄，还要防止露白线，先要剪得好，才能糊得好
9	伞面刷花	刷花(亦可画花、绣花)，根据图案套色版子要求板版对准、层层套色、循序渐进、刷出立体感，防止脱胶和脱版
10	穿花线	就是把32根或36根伞档子用丝线按次序串起来，样式并不固定，十字交叉形，平行穿线法都可以，总共需296针左右，连线成一种简要的图案，这样既不脱节，又很艺术化，要防止脱节或把短杈弄断
11	扎伞	这道工序主要是给伞正形。扎伞时要扎紧，不能反复勒，绸面不要露出(从两根伞骨间挤出来)

续 表

序号	工序名称	工序要求
12	贴篾青	伞面糊好后把原来撇下来的篾青按号再贴到原来的篾黄上去。这道工序直接影响到伞的外形,比较重要。要求三齐:尖头齐,竹节齐,边齐。不偏左右,没有胶水痕迹
13	装杆	伞在手上收撑时铜跳要灵活,安装角度:气候干燥时装95°,气候潮湿时装90°,因为如果气候潮湿时也装95°,那么等天干燥时伞撑开就不止95°,伞面就要往上翻了
14	包头	包伞头时油漆要涂得均匀,光滑,爪头不露篾青,篾黄。包好后检查一下收撑是否灵活
15	打钉扣	钉扣要紧靠竹青打,不使绸面拉破,蝴蝶结要打均匀
16	胶头柄	柄要胶得正直,不歪斜
17	检验	检查牢度
18	包装出品	保证最终“撑开为伞,收拢成竹”

资料来源:参考《杭州西湖伞厂厂志(1958—1986)》及西湖绸伞制作技艺传承人宋志明口述,笔者整理。

六、国家级非物质文化遗产及其传人

2008年,西湖绸伞被列为第二批国家级非物质文化遗产项目;同年,杭州市政府立项建立中国国家级伞业博物馆。为配合中国伞业博物馆的筹建,杭州市工艺美术研究所着手扩建了缎伞研究室,对濒临失传的西湖绸伞制作技术进行恢复,并组织了健在的老艺人创制了一批绸伞精品。杭州市工艺美术学会也加大了力度协助研究所做好原始资料的整理和抢救工作(西湖绸伞老艺人及传人资料如表4),以期使具有江南韵味的西湖绸伞艺术得以传承和光大。

表4 西湖绸伞老艺人及传人资料

序号	姓名	性别	出生年份	从业时间	专长	传承脉系
1	宋志明	男	1959年	1977年	制伞	竹振斐
2	陈田荣	男	1937年	1954年	制伞	竹振斐
3	安金陵	女	1949年	1974年	制伞	竹振斐
4	金雅云	女	1941年	1958年	制伞	竹振斐、游静芝
5	周莲珠	女	1939年	1958年	制伞	竹振斐
6	强建军	女	1952年	1976年	制伞	竹振斐

续 表

序号	姓名	性别	出生年份	从业时间	专长	传承脉系
7	张金华	女	1956 年	1978 年	制伞	竹振斐
8	吕庆庆	女	1959 年	1978 年	制伞	安金陵
9	单文兰	女	1938 年	1951 年	制伞	杜家良
10	钟水英	女	1943 年	1964 年	制伞	竹振斐
11	童芳英	女	1944 年	1960 年	制伞	竹振斐
12	林雪晖	女	1972 年	1991 年	制伞	安金陵

宋志明（浙江省首批国家级非遗西湖绸伞传承人）：

我 1959 年 10 月出生，1977 年 10 月进入杭州工艺美术研究所，当时研究所有绸伞室、石雕室、刺绣室、灯彩室。我父亲那时在杭州市财税局，管二轻系统的，我年纪轻想学点手艺，就进了研究所学做绸伞，被分配到绸伞室跟着竹振斐师傅学做绸伞。刚进去时是每天 8 角钱的临时工，干点制作刷画的版子、选竹的活，大概过了 3 年，研究所正式招工，我就转成了正式工，以后一直在做绸伞。最多的时候有 13 人，其中包括打样及生产的人员。

西湖绸伞主要用来遮阳、拍照，它更多的是装饰作用。另外，它是杭州的传统产品，还可以当作礼品送人。按照用途分，西湖绸伞主要分为装饰伞和舞蹈伞。20 世纪 70 年代的时候，我曾经跟我的师傅试验成功了一种伞的新品种——防雨绸伞（当时二轻系统是有科研资金拨下来的），它在小雨的时候是可以用一下的。防雨伞所使用的材料要求绸的密度厚一些，我们用的是斜纹绸，再在绸面上做防水处理。

西湖绸伞北方人很喜欢，还有上海人也很喜欢。20 世纪 80 年代的时候，其实当时有个西湖绸伞厂，它一年大概要生产 10 多万把绸伞，出口到东欧国家，也是作装饰用的。西湖绸伞厂是专业生产绸伞的，量大，生产的基本是一个品种；而我们绸伞工作室，是专门研发绸伞新品种、做小批量绸伞的，品种多，价值高。我们研发的新品种有的给西湖绸伞厂做，如果他们不采用我们就自己做，但是量不大。像前面说的防雨绸伞他们没做，因为嫌成本太高，我们就自己做了，也在市场上投放了，效果不错。

我师傅既会制作绸伞，又会搞理论研究，是比较全面的。竹师傅是1989年去世的。我们后来一直遵循竹师傅所教授的传统工艺进行制作，平均1人1天生产1把产品，年产量约1500把。所产西湖绸伞大多销往工艺美术服务部，后发展到杭州天工艺苑、杭州友谊商店，同时也销往北京、上海、广州等地的涉外商店，其中以广州的销售情况最佳。这样的生产销售模式一直持续到1995年。

1995年体制改革，杭州市工艺美术研究所改为杭州市工艺美术研究有限公司，我们成了公司的股东。研究所在1995年改制时绸伞制作曾经停过一段时间，那时我们几个做绸伞的都出去做了。我是从研究所停薪留职，到富阳当地加工伞骨的地方找了一批人开始制作绸伞。1995—2002年这一时期是绸伞制作、销售最好的时候，这个时期我们的订单全国各地都有的，得奖也都是在这个时期，西湖绸伞1990年获中国工艺美术百花奖一等奖，2001年获世界华人专利技术博览会金奖。我大概得过两个铜奖、1个金奖，还有优秀奖，最高的奖项就是2003年获得的杭州市优秀旅游商品金奖。

同时，另一家生产西湖绸伞的厂家是由我的师姐安金陵在建德成立的。两家厂的工作人员都只有5人，年产量总和大约在3000把，后逐渐稳步增长到8000把。以涉外为主，少量在杭州西湖旅游景点售卖。

21世纪初期，特别是2002年以后，西湖绸伞销量开始滑坡，江西、湖南等地的廉价、仿冒西湖绸伞冲击市场，整个绸伞市场开始萎缩，我开始搞工艺品，绸伞也做的，但不多。我当时想，这块毕竟是老祖宗留下来的，扔掉比较可惜，还是要尽可能地做，这部分放进去的精力、资金也不少，到现在库存的绸伞还有很多。现在专做绸伞的只有一个人了，在杭州市伞博物馆现场做的。2008年5月，杭州筹建伞博物馆，当时，西湖绸伞厂的一个师傅还有我，我主要帮助协调一下，做了1年多的时间，制作了一批绸伞。1995年，我在富阳做的时候教了一批年轻人，这批人现在还会制作绸伞，他们也有三四十岁了，现在都不做绸伞了，都在皮具厂、家具厂干活。除了这帮人以外，年轻人都不会做绸伞了。

西湖绸伞的伞面现在画的图案很多，原来主要以西湖十景为主，还有人物、山水，后来刷绘结合，刷是指刷花，刷花是最传统的工艺，就是先将图案画好，刻好版子，再把用丝网制成的网板放在伞面上蘸上颜色进行涂刷。现在这个工艺基本不做了，因为有些原材料买不到了，而且现在连网板都没有人愿意做了。

2008年，我被评为国家级非物质遗产西湖绸伞制作技艺传承人，国家现在对这一块非常重视，有专项资金拨下来的，总共拨了8万元左右，这批钱都到了研究所，后来都用在做伞博物馆的那批伞上了。2008年至今，销量在1000把左右，销售点在杭州大厦、杭州百货大楼、天工艺苑等，销量不稳定(每月0至3把不等)。我自己也想把绸伞再做起来。但是现在制作绸伞问题很多：一是现在工人很难找，找外地人需要安排吃和住。二是绸伞没什么市场，不可能一下子做很多绸伞，没有市场，伞卖不掉的，我估计一年销几百把应该没什么问题。三是杭州制作绸伞的成本太高，杭州西湖绸伞的重要原料丝绸，价格涨幅较大。01乔其纱、8姆米的电力纺等，2009年的售价分别为每米18元和15元，到2012年，其售价高达40元和35元，涨幅达到200%至300%。外地产的伞便宜，乍一看质量也可以，这样西湖绸伞一报价，人家都觉得价格很贵。上次有个湖南人来说起给工人的月工资是两三百块，那个地方很穷，门开出去就是一大片竹林，这样他的成本就很便宜了，他们的雨伞从义乌批发市场出来只要七八元，而我们的伞骨让老师傅劈一下工钱就要5元一把，这样根本就没办法做了。今后，我想在绸伞上还是要继续做下去的，就是少做点，做精品，绸伞只能走高端路线。至于它的创新是比较麻烦的，因为伞骨这里不能动，动了就不是绸伞的特色了，只能从图案上变化一下，还有伞头、伞杆上做得精致点。我曾经做了一把绸伞捐给了伞博物馆，很高档，画了西湖全景，伞杆是红木的。我也打算再带几个徒弟，今年也准备把它排到计划中，利用我租的仓库选一两个人制作绸伞。

七、结束语

西湖绸伞一经问世，便大受欢迎，成为女士们的最爱。西湖绸伞也成为很多女性朋友出游必带的装饰品。放置在精美的盛具内，又成为馈送亲友的高档礼品，行销世界各国。经过多年的不断改进，现在已有数十种花色品种，试制成功了刺绣伞、国画伞、童绸伞、刻骨伞等10多个新品种。国画仕女伞完全是艺人手画的，有“黛玉葬花”“嫦娥奔月”等，增加了绸伞的艺术观赏价值。

在国际上，特别是在初创时期，之所以能击败日本的绢伞而占上风，一个重要因素在于西湖绸伞不仅利用了杭州盛产丝绸的优势，而且选用了浙江各地出产的优质竹料，这是其他地区所无法匹敌的。当时西湖绸伞制作成本也比较低廉，战胜了以钢骨绢面制成的绢伞。西湖绸伞不仅得到国内群众的青睐，甚至在当时的日本市场，更以绝对优势击败了称雄一时的日本绢伞，在日本街头也出现了“中国绸伞热”。

西湖绸伞这一依赖传承人口传心授的技艺，正在迅速变异，甚至消亡。市场需求量不大，从业人员减少，长年累月，这一传统工艺技术渐渐失传。“非遗”传承人宋志明先生有很长一段时间，因资金、人力、资源的匮乏而迫于改行。

“一叶渔船两小童，收篙停棹坐船中，怪生无雨都张伞，不是遮头是使风。”这是南宋诗人杨万里在《舟过安仁》诗句中描写两个儿童坐在一只小船上，奇怪的是他们在船上却不用篙和棹。原来不是为了遮雨，而是想利用伞使风让船前进。怪不得没下雨他们也张开了伞呢！

小小的伞，不但为人们撑起了一方小小天空，也制造了无数浪漫至极的感人故事。现代诗人戴望舒在《雨巷》中，如此写道：撑着油纸伞，独自/彷徨在悠长、悠长/又寂寥的雨巷/我希望逢着/一个丁香一样的/结着愁怨的姑娘/……

如今，伞已不再是传统意义上的遮风挡雨工具。烟雨江南，衍生出独特的伞文化，伞的审美、伞的诗意和伞的象征意蕴，伴随着历史发展的车轮，碾轧出一道道独特的文化轨迹。

以菜名楼，以文兴楼——杭州楼外楼

一、特别的动力和助力——周总理九到楼外楼

邓志平（楼外楼现任董事长、党委书记）：

楼外楼创建于清道光二十八年（1848），当初它只是一爿很普通的湖畔小店，但由于店里的掌勺人烹得一手湖鲜好菜，店主人又善于经营，重视与文人交往，楼外楼渐成文人雅士游湖宴饮的首选。因此，生意日益兴隆，名声逐渐远播。但它真正的发展腾飞是从20世纪50年代中期被批准公私合营后开始的。这期间到1966年"文化大革命"爆发前，楼外楼生意兴隆，贵客盈门，接待了无数中外宾客、各界名人和来杭休养的中央首长。特别是开国总理周恩来，从1957年到1973年的16年里，先后9次在这里宴请来访的外国元首、政府首脑和文化名人及他的同事、家人，并留下了"请服务员吃饭""三付饭费"等佳话。

"周总理九到楼外楼"的佳话，不但大大增加了楼外楼员工的责任心和荣誉感，也使楼外楼的声誉得到了更大的提升和传播。这为楼外楼当时及此后的发展腾飞，提供了非常宝贵的动力和助力。

姜松林（9次接待周总理的老服务员，2004年3月故世，享年92岁。以下是他在1976年底接受记者采访时的谈话摘录）：

1957年总理第二次在楼外楼宴请外宾，他在品尝一道“双味脆梅”时，突然嘴里“咔嚓”一声，他以为是沙子，而公安部门在事后化验的结论却是半粒补牙物。因为我嘴里也有补过的牙，而且菜肴都是由我从楼梯口接送到餐桌上的，出了这样的差错，当然就要由我承担了。谁知两天后，市公安局的张局长来店里找我时，一见面就笑着说：“老姜啊，周总理要我们来看你，向你表示道歉！”我一听就呆住了。

张局长拉我坐了下来，把事情的经过一一告诉我。原来那天下午，在总理一行临上飞机前，省公安厅把化验结果和我的承认给总理秘书送了书面报告，秘书在飞机起飞后报告了周总理。总理听后，沉思了一会儿，突然伸手摸了摸自己的牙齿，发现自己的镶牙缺了一块。便非常着急，马上要秘书在飞机里发电报给省公安厅说明。到了北京，又要秘书再发一遍，并要求省公安厅派人对我进行慰问和道歉。

但更使我激动和想不到的是，几天后的一个傍晚，周总理和他的秘书又来到我们店里，一进门，总理就一迭声地问道：“姜师傅，姜师傅在吗？”我赶紧迎上去，总理紧紧握住我的手，朗声说道：“姜师傅，你好呀！那天我不知道自己镶牙掉了，回去后才发现的。这事非常抱歉，你可受到委屈了吧？”他在一张餐桌边让我坐下说道：“今天我请你吃饭，你不要走开，请另外的服务同志来工作吧！”

不一会儿，店里的同志送上了三五道总理喜欢的平常菜和一壶绍兴酒。总理乐呵呵地站了起来说道：“今天我是主人，你坐着别动，要听我的指挥。”他给我倒酒，还给我夹菜，我坐在那里，激动得连筷子都拿不稳了。当我终于吃完了这餐永生难忘的饭时，代我做服务工作的老宋悄悄和我说，店里的其他同志也都想进来见见总理。总理听见了，高兴地说：“好啊，请同志们进来吧！”

等在门口的同志一拥而入，总理站了起来，和大家一一握手，并逐个问了名字、工作、生活及工资等情况。总理的接见和教诲使楼外楼员工大受鼓舞，都在心中留下了永生难忘的记忆。

韩来泉(1973年9月16日周总理最后一次来楼外楼时,他担任店里的保卫工作):

那天下午1点多,我突然听到外面有汽车的声音,便马上走了出去,只见汽车里下来一个人问我:"同志,这时还有饭吃吗?"我说:"有的。"他就回身从车上接下一个人,我一看,是周总理!我真是又惊又喜,赶紧向领导和厨房做了通报。

金水珍(姜松林的徒弟):

周总理1973年那次来楼外楼用餐时,我在二楼任务厅门口值班。总理上来后,我迎接他到休息处坐下,然后回身给他端茶水。但等我捧着茶送回来的时候,看到总理已拿着一支红铅笔在埋头批阅文件了。我上前把茶杯轻轻地放在总理面前说:"总理,请喝茶!"总理连忙站起来和我握手,问我什么时候进店,有没有师傅徒弟,当我回答师傅是姜松林时,他一听就笑了。这时我师傅姜松林也上来了,他便嚯地站起拉过一把椅子,亲切地说道:"姜师傅,你好,好多年没有见到你了!你快坐下,我一会儿就好。"就又埋头批文件了。

傅小英(服务员):

那天我给总理的茶加水时,他抬头问我:"你是哪里人?"我说:"我是萧山的。"总理笑着说:"萧山同绍兴是隔壁,你在这里工作多少年了?"我说:"我是1962年来的。"他说:"很好,年数也不少了。"

后来开始吃饭了,我们上一个菜就介绍一个菜。总理蛮高兴,当我们要为他们提供分菜服务时,他蛮客气地说:"不要分,我们自己来,随意好了!"

"总理三付饭钱"的故事也发生在这一次。因为我们先是按成本价收了10元,总理认为太少了,又硬加了10元。可是当他离开店到机场后,还是认为我们没有收足,又让秘书拿出10元钱要省接待处的同志转交。

陶海明(厨师,1973 年他为总理烧了一道菜):

那天店里的党员正在开党员会,有我、郑世庭、副经理屠德宝和支部书记寿金娣。突然,有人来报总理来了,我们马上停止会议,分头去自己的岗位。

那天的热菜有龙井虾仁、干炸响铃、香菇菜心和鱼头汤等。这天是屠德宝副经理担任主厨,大部分菜都是他烧的,我只烧了最后一个鱼头汤。虽然只是一个鱼头汤,但直到今天,我还是认为这是我 40 多年厨师生涯中,最有意义、最有成就感的一道菜!

二、再续辉煌的亮丽舞台——楼外楼老楼变新楼

张渭林(退休前任楼外楼党委书记、副董事长、副总经理):

1980 年,楼外楼在百余年的发展史中,跨上一个有里程碑意义的新台阶,为楼外楼的再续辉煌提供了一个更为亮丽的新舞台。这年的 7 月 17 日,改建一新的楼外楼以从来没有过的面貌出现在葱郁的孤山脚下,迎来了无数惊叹赞美的目光。

据记载,楼外楼在问世初期,只是一家两间门面的单层小店。到了 1925 年,积蓄了一定财力的店主将其翻建为带屋顶平台的三层楼房。1958 年,有关部门在整治白堤景区时,将这座已经受了 30 多年风雨且遭白蚁蛀蚀的房子,和与它相邻的广化寺一起拆除,让楼外楼搬进了现址所在的原太和园菜馆的房子。这座三层楼的房子有三开间门面,990 平方米的建筑面积,但到了 20 世纪 70 年代,随着杭州市旅游业的蓬勃发展和楼外楼生意的日益兴隆,有关部门就把改扩建楼外楼的意向列入了议事日程。正在这个时节,1973 年 9 月 16 日,周恩来总理第九次也是最后一次来到楼外楼,知道了这一情况后,就为楼外楼的扩建奠定了主题及基调。

据那天在餐厅接待周总理的老服务员金水珍、傅小英回忆,她们都听到

周总理对陪他来的省外办主任王黎夫说:“楼外楼菜馆要改建,要照顾整个西湖风景及孤山环境。房子不要修得太高太洋,要搞民族形式,要中西结合,要好好设计。”

有了周总理这样明确的要求,有关领导决定把楼外楼改建列入省里的重点项目,设计方案全国招标。结果有12个设计单位送来设计图纸,经过专家论证,最后选中了杭州市建筑设计院严佩堃总设计师设计的方案,并选定由浙江省建筑工程公司一公司负责施工建设。

1978年8月,楼外楼改建工作正式开始实施。

由于楼外楼北面靠山、南面临湖,地质比较复杂,因此,工程采用了钻孔灌注桩做地基,并由省交通局一支专门进行港口建设的港道工程队负责钻孔灌注桩。一座两层楼建筑,采用这种方法做地基是非常少有的。不仅是地基,在其他的选材、配置及施工上的标准和要求,也都是高标准、严要求的。因此,刚开始的时候预计费用只有80万元,到最后追加到165万元,其中的76万元是我们楼外楼自己向银行贷款的。

由于设计、施工、主管等部门的通力合作,楼外楼新楼于1980年7月17日落成,重新开业。

钱百荣(曾任楼外楼副经理,新楼外楼建设工程的参与者):

1978年楼外楼改建的时候,店里决定由郑世庭、王建明和我参与其事,主要负责跑建筑材料。为什么说“跑”?因为当时还是计划经济时代,在今天一个电话就可以办的事,在当年非得要人“跑”。但就我们当年的感受来说,我们的“跑”比别人要顺当得多。为什么?因为我们有一面“大旗”,这就是改建楼外楼工程是“实现周总理的遗愿”。同时也因为我们的工程与武林广场边在建的杭州剧院是当时省里的两个重点项目,省、市的有关领导都非常关心,并予以具体的指导。

我记得,1978年12月25日,在省建委召开了楼外楼改建项目协调会,所有与工程有关的单位领导都参加了。会议由省建委负责人丁世祥亲自主持,成立了工程所涉单位领导同志参加的楼外楼扩建工程现场指挥部。市建委负责人吴承桜不但亲自与会，还派何金德同志和我们一起参加现场工作。

但在这次会上，也不是所有的建材都得到落实的，缺口部分就要由郑世庭、王建明和我去跑了。当时最大的缺口是水泥，我和王建明就拿着省建委开的介绍信，去了建德更楼水泥厂。那时候没有的士，下了长途汽车还要徒步10多公里才能到厂里。进了厂，拿出介绍信，他们还不大在乎，但一听我们说这是实现周总理遗愿的工程，厂领导就马上给我们批了。他们厂距更楼火车站约有5公里路，我们就找了一些人力大板车，一车一车把水泥拉到更楼火车站。

楼外楼二楼宴会厅的设计是要用落地玻璃门窗的，浙江当年没有厂家能生产。于是我们又拿着省建委的介绍信去了上海，上海也只有一家专门对外出口的厂在生产。到了这家厂，厂领导听我们提到了周总理，立即表态，在他们正在为援建巴基斯坦的体育馆生产的钢门窗中加上我们的需求量。但钢门窗上的那个拉手是铜的，铜在当时是战略物资，要我们自己解决。于是，我们又去上海的一家铜厂求助。他们也就额外给了我们一些铜指标，事情才算圆满解决。

楼外楼改建是扩建，这就要牵连到左邻右舍的拆迁了。当时，我们的左邻右舍有西湖区公安分局水上派出所、省博物馆出版物储藏室、杭州美术院宿舍、园林服务仓库及零星散客等33家，他们都知道楼外楼改建是总理生前的心愿，都很支持和配合，拆迁顺利完成。

同时，我们店的主管单位杭州市园文局及局所属的兄弟单位，对这项工作更是非常重视和支持；其他的公安、交通部门的领导及同志也为这个工程开了全程的绿灯。比如，工程要爆破，公安和交通部门安排了相当的力量，在孤山和白堤两头实施了封道警戒。又如，在赶拆水上派出所的房子时，正逢下雨，但参与的同志也不停歇，仅两天时间，就把300平方米旧房安全拆除了。

特事特办，各方支持。1978年7月老楼外楼歇业，1980年7月新楼外楼开门迎客。总理的遗愿圆满实现，楼外楼建筑工程还荣获“浙江省全优工程奖”和“杭州首届十佳建筑”称号。

三、不断进取的扎实步伐——楼外楼传承创新的片断剪影

沈关忠(退休前曾担任楼外楼党委书记、董事长、总经理):

我是在1986年6月21日,肩负着园文局领导重托和厚望来楼外楼的。因为当时楼外楼的经济效益、社会效益、环境效益非常不尽如人意。在内是人心涣散,员工常到局里告状;在外是媒体批评报道。经济指标完不成,所以园文局领导决定把当时担任局服务科长的我调到楼外楼当经理。

临行前,施局长对我说:"给你三年时间,把楼外楼的三个效益搞上去。搞好了再回来,科长的位置给你保留三年。"

三年改变楼外楼面貌,把这百年名楼的金字招牌擦亮,这就是我的使命。可是,当我到楼外楼召开第一次职工大会,向大家表态一定要完成这个使命,不完成决不回局时,很多人都不相信。有一个员工散会后还搭着我的肩膀,半开玩笑地说道:"你还是早点回去好,楼外楼经理的位子你是坐不牢三年的!"

而实际上,我却一直在楼外楼经理的位子上坐了近30年。在这近30年的时间里,在楼外楼全体员工的勤奋努力下,在社会各界的支持帮助下,在改革开放大好形势的驱动下,楼外楼一步一个脚印,一步一个台阶,"三个效益"与日俱增,百年名楼的声誉和业绩得到了业内外广大人士的肯定和赞赏。

当然,这是一个不寻常的历程。但当我终于办了退休手续,离开了楼外楼经理的位子后,我最常想起的是这个历程中的这几个片断——

一是我到楼外楼后的"头三脚"。

第一脚是"划小核算单位、完善经济指标考核",大家拥护,效果显著:营业成本大大降低,员工收入得到增加;第二脚是"强化服务质量"考核,大家也拥护,效果也显著:菜点质量提高,顾客表扬日多;第三脚是"严格奖罚制度"考核,大多数遵纪人拥护,少数违规者有意见,有的还掀起风波。

如有一次，一个员工顺手牵羊了一些做菜原料，我就按初犯者50倍料值处罚。被罚者很不满，不但晚上来敲我家的门，还投诉到报社、请律师和我打官司。一时弄得店里沸沸扬扬，但大部分员工都支持我。不过真正让全体员工心服口服地拥护"奖惩考核"，是在这样一件事之后——

制作叫花鸡要用干荷叶，是西湖水域管理处的人晒了给我们的，但后来因晒叶辛苦没人晒了，我们的荷叶就要断档了。副经理陈惠荣认为金华武义鲜荷叶很多，还亲自出马辛辛苦苦运了一卡车2吨鲜叶回来准备自己晒。谁知因天气炎热，路上闷了4个多小时，到店后大部分荷叶已经腐烂。一看这情况，大家都傻眼了，有些员工就在悄悄议论了："嘿嘿，这次要看你们怎么处理！"我和陈惠荣说："制度面前人人平等，请你理解！"他说："我理解，损失我承担，把我当月奖金扣除吧！"

通过这几件事情，员工对班子的信任度越来越高，对企业的规章制度越来越重视，为楼外楼改变面貌开了个好头。

二是"强化名店特色"。

楼外楼是名店，特色是擅长烹制供应传统杭州名菜，因此强化名店特色也就是强化名菜特色。我坐上楼外楼经理的位子后，很清楚地认识到楼外楼的发展最关键的一招，就是要做好这个"强化"。

菜是厨师烧的，"强化"菜先要"强化"人。而在改革伊始的20世纪80年代中期，杭州出现了不少的个体、合资的餐饮店，这些店的收入待遇吸引了不少公营餐饮店厨师外流。为了应对这个局面，有的公营店推出允许厨师"半公半私"的举措，让他们半天在店里掌勺，半天外出打工。有的媒体还把这当作一种创新做了宣传，而我不认同这种"创新"。我认为一心不能二用，半天打工赚钱多了，半天在店里掌勺就不会专心。但这种"创新"对我们楼外楼也是有冲击的，特别是我们店里生意忙，厨师工作时间又长又辛苦，我们要有应对办法。这个办法就是尊重厨师的奉献，提高他们的收入。经过园文局领导同意，楼外楼实行了厨师和服务师职称津贴制。这个举措使楼外楼的骨干厨师定了心，心一定菜就烧得好，名菜的特色也就保得牢。

名菜一靠厨师烧，二就要靠原料正宗和讲究了。

如龙井虾仁，我们的用量大，本地虾无法满足，只能外出寻找。先找到安徽洪泽湖，那时洪泽湖的水质还好，虾的质量也不错，我们要他们不经过中转直接送到我们店里。后来他们停产了，我们又找到河南的信阳南湾湖。这里的虾仁质量和洪泽湖的一样好，我们又让他们直送。

再如东坡肉，关键是猪种及肥瘦度。由于我们的销量大，还要求对方有规模、一手包。我们通过省接待办去了苏东坡的老家四川，在当地接待办推荐下，最后找到南充山区的一个养殖基地，规模不小，能满足我们的需要。

再就是工艺规程了。我们的规程是：所有名菜，定人定灶，烧醋鱼的专烧醋鱼，烹鱼羹的专烹鱼羹；所有配辅料，定人定量，虾仁有专人腌制，醋鱼有专人勾芡，调制前一律称量。

三是名菜走出国门。

1988 年，园文局施局长把我叫去，给了一个让楼外楼名菜走出国门的机会。原来省政府为了扩大浙江省在友好城市澳大利亚西澳州的影响，要我们与那里的佩思帝宫酒楼合作，派厨师去那里烹制杭州名菜。于是我就跟着施局长及省外经贸办副主任等一行 5 人，到了澳大利亚。

第二天与对方会谈，中心议题是双方利润分成的比例，几位领导和他们谈了 3 天也没能达成协议。但我心里想，就是达成协议也有风险。因为财务由对方掌管，到时候他们账本一摊说没有利润，我们的厨师不就是白打工了？第三天晚上，我把这个想法和施局长说了，他认为有道理，就对我说：“你比我们内行，这个事情明天就让你去谈。”我说：“局长，要我谈的话，你们几位领导就让我一个人说。”他问：“你准备怎么谈？”我说：“我就提按营业额分成，做多少营业额，我们拿多少提成，而且要由我们带去的翻译兼任收银员。”施局长和另外两位领导都点头称是。

第二天谈判开始，我向对方老板说了我的方案。对方一听就虎了脸说：“你只不过是楼外楼的经理，说了不算，要听你们局长的。”我说：“局长已授权给我了，今天我说了算，不信你问。”他就问施局长，施局长说：“是的，今天是他说了算，因为他是内行。”对方无言，只好在按营业额比例分成上与我讨价还价了大半天，最后达成我们按营业额的 15%分成。

这个协议执行了两年，由于我们派出人员的努力，餐厅的生意很好，分成除了派出员工（4 个厨师、1 个翻译）的开销，还有一笔可观的结余上交楼外楼。楼外楼首次出国挣了钱,是好事,值得高兴。通过这次出国,楼外楼的杭州名菜得以走出国门,扩大了杭州名菜的影响力和美誉度,更值得高兴和记取。

四、更上层楼的重要一翼——楼外楼的食品生产

沈关忠(退休前曾担任楼外楼总经理、党委书记、董事长):

说起楼外楼创办食品厂生产食品,有两个字可以概括,一个是“逼”,一个是“巧”。

先说“逼”。20世纪90年代初,楼外楼的生意日旺,但我们的经营场地却总是这一楼一底的3800平方米,特别是厨房烹饪及其辅助工作的场地更是局促;再是楼外楼当时是国有老店,不少年龄偏大的一线员工,很需要有个二线的安排空间。就逼得我们一定要在楼外楼这个风水宝地之外,去寻找一个能让我们持续发展的空间。几经努力,在1992年8月,我们终于在杭州商学院领导的支持下,租下了他们学院的几间闲置房,成立了楼外楼贸易有限公司和叫花鸡泥团加工场地。

再说“巧”。一是贸易公司成立后,员工都是老员工,业务却是新业务,小打小闹,没有揽进过大生意。谁知到了1993年中秋前夕,广州陶陶居酒家的两位经理谭林和陈登突然上门拜访。说是广州大三元酒家的月饼运到杭州后,原先的合作方却中止合同不予代销了。大三元知道陶陶居与楼外楼关系很好,就托他们来请我们代销。在这次代销中,我们的贸易公司算是掘到了“第一桶金”。于是,第二年,不但是大三元,连牵线人陶陶居的月饼也由我们代销了。两年的代销,使我们看到了一个商机:我们也可以自己生产月饼呀!

二是当我们正在为自己生产月饼而找地方办厂时,突然听说杭州苗圃联合乳品厂因经营不善关闭了。这个厂和我们一样,都是园文局系统的,我就马上去找局领导,提出要购置这块场地成立食品公司办食品工厂,局领导非常支持。

1995年7月30日，工厂开工，就生产月饼。我们请了广州陶陶居两位师傅来把关，月饼全是纯手工操作的。这虽然是起步，但成绩还不错，这年生产的月饼加上代销广州的，总销售收入达到116万元。此后年年增长，到2013年，月饼的销售额已达5300万元。

如今，楼外楼食品厂已有七大系列100多个品种。在国内除了新疆、西藏和港、澳、台之外，其他省份都有我们的销售点，共有600多家。销售收入占集团总收入45%的份额，真正成了楼外楼更上层楼的重要一翼。

蒋红卫（楼外楼副总经理）：

在开办楼外楼食品厂时，公司决定具体工作由我负责。我从改造苗圃乳品厂旧厂房着手，先改造了一个为总店做四大名菜（叫花童鸡、东坡肉、龙井虾仁、蜜汁火方）前期加工的中心厨房。后来，又研制开发了糖醋排骨、什锦砂锅、蚝油牛肉、红烧狮子头这一系列快捷产品。

由于有楼外楼的品牌，再加上我们产品的品质优于市场上的同类产品，因此很受欢迎，每天只能限量提供给各经销部。我记得有一次临近春节，有七八个经销部到半夜都还在厂里等进货。直到凌晨3点钟，才把刚下生产线的货装上车送往各大超市和农贸市场销售点。

其后，我们又研制开发了东坡肉、叫花童鸡、干菜焖肉等一系列真空包装食品。这些产品使楼外楼的传统名菜被摆上了千家万户的餐桌，让更多的人品尝到楼外楼美味，有效地扩大了楼外楼的品牌影响力。

张少燕（楼外楼总经理，曾任楼外楼副总经理兼餐馆经理、食品公司经理、厂长）：

2009年6月23日，由于人事变动，沈董事长找我谈话，要我兼任食品公司经理，承担食品生产持续发展的重任。我虽然进楼外楼已经20多年，一直以来都是从事餐饮这一块，从基层干到集团副总经理，但对食品生产与销售却从未涉足。可面对这“突然”的重任和领导的信任，我不能推却，立即走马赴任。

一到食品公司，我发现形势要比我预想的严峻得多。特别棘手的是当时已是中秋在望的6月底，杭州有的食品厂的月饼生产准备开始了，而我们原有的老车间已经弃用，计划开设的新车间，却连设备的采办工作及生产许可证的报批审核都没有完成。所以个别员工有些担心，人心有些浮动，大家都睁大眼睛，看着我们的一举一动。

我和班子成员反复商讨，最后决定把打好当年月饼生产之仗作为我们的开局之战。决定新生产场地和设备的具体落实调试由副厂长朱国华、钱百荣、赵伟明、金友仁等人负责；根据集团公司班子意见，我主抓全面工作，重点是提振信心、拓展市场、保证质量。于是在新班子首次召开的员工大会上，我把我们的决心和安排与员工交了底，并承诺在分配上要向一线员工倾斜，在两年内让全体员工的收入最少增加30％。

经过前后两个多月的努力，我们的初战月饼之仗获得完胜，销售额创了历史新高。但我和班子成员都清楚地认识到，对于我们食品厂来说，做好月饼之类节令产品的产销，只能是一种锦上添花的补充。只有做好、做大真空包装、宋嫂厨艺等所有常年产品才能使我们楼外楼的食品生产销售更上一层楼。要做到这一点，只有两个途径，一是不断研发新产品，占领更大的市场；二是优化产品结构品质，赢得更多食用者的肯定。

如我们开发的宋嫂酥，其馅心的成色和风味，是请专业的馅心生产单位的科研人员，与我方在配方配比上做了10多次的调整才定下来的。如在开发快捷菜“西湖醋鱼”时，我们试制了“醋鱼丝”“醋鱼块”“醋鱼片”等烹制方法，最后确定是轻盐勾芡的“醋鱼片”最接近杭州名菜西湖醋鱼的风味。推出后，市场反响很好，特别是在上海，很受欢迎。

在保证产品品质上，则更需要我们的细心和诚心。有一次，我们发现新投产的一批次真空包装叫花鸡，色泽有点暗，口感不够细腻，水分也偏多，便立即停止生产，把原料鸡送去检测，得到的结论是：鸡的肉质没有问题，各项指标均符合标准，不影响食用，最后我们分析是在品种上和我们常用的鸡有一些差别，但我们还是决定把这批原料鸡撤下。

又有一次，一位员工反映：有员工在前一天下班时忘记把一批生牛肚放进冷库了。经查验，因为是4月初，气温不高，牛肚还没有出异味，只是在表面有一层薄薄的黏液，用清水一冲也能消除，但我们还是决定将其报废。反映问题的员工得了嘉奖，相关责任人都承担了责任。

同时，我们还随时接受顾客的反馈监督。如我们在供应半成品年夜饭时，会从顾客留在订单上的电话中抽选100位，在新年里逐个打电话拜年，并征求他们对所用菜肴点心的意见。然后把这些意见归纳整理，作为以后进一步完善这些菜肴的参考。

这几年，凡我们推出一个新品，不久市场上就会出现一个或几个相似的产品，有的连包装外观都差不多。有一次，一位同行老总遇到我，就笑着对我说："我们就盯牢你们，你们生产些啥，我们就做啥。"当然这是句玩笑话，但也真实地反映了他们及市场对我们产品的认可。

五、气质名楼相益彰——楼外楼规范服务工作剪影

龚顺英（楼外楼党委副书记、副总经理）：

我是1980年10月进楼外楼的，一直在餐厅一线从事服务接待工作。作为浙江省最早的一批服务技师，我有幸多次跟随楼外楼老前辈、时任杭州市饮食公司技术顾问的姜松林师傅参与省、市餐厅服务员专家组的职称考核工作，为提升楼外楼服务工作标准化、规范化积累了宝贵的经验。

1992年我担任了楼外楼副总经理，分管经营服务工作。我先做了编制操作流程、规范服务的工作。我根据中商部关于餐饮服务接待的有关规定及要求，结合自己多年的工作经验和企业实际，先后编制了《楼外楼接待服务规程》《餐厅检查标准》《楼外楼的服务员职责和服务程序》等教材。

第二是做了加强技能培训。通过岗前培训和日常培训的结合，来提升服务水平的工作。还邀请部队官兵对员工进行队列训练，请资深服务专家对员工职业道德、技能操作、应知应会等内容进行全方位的培训。我们还每年选派优秀的服务人员参加国家、省、市餐厅服务摆台技能比赛。

目前，楼外楼已拥有一批技术力量雄厚、技能娴熟的服务人员。其中有餐厅服务高级技师 1 名，餐厅服务技师 5 名，餐厅高级服务员 80 余名。多次成功接待了党和国家领导人及其他国内外政要及社会名流，圆满完成了国家、省、市下达的各项接待任务。

六、以文兴楼——饮食文化的研讨和展示

张渭林（退休前曾任楼外楼党委书记、副总经理）：

从 1992 年开始，楼外楼几乎每年都要举办各种大型饮食文化和烹饪技艺的研讨交流活动，如浙江饮食文化技艺研讨会、杭州与台湾饮食文化技艺研讨会、楼外楼创建 150 周年暨亚洲饮食文化技艺研讨会和中国六大古都饮食文化研讨会等。同时，还举办了各种挖掘传统及荟萃各地特色菜肴的食品节，如西湖十景宴、乾隆宴、仿宋宴、东坡宴等。

1999 年 3 月，楼外楼邀请了北京、西安、洛阳、开封、南京的七家著名老字号的当家人和名厨，在楼外楼举办了“中国六大古都老字号饮食文化交流研讨会”。这个课题是我们的一个老朋友，北京的著名文化学者徐城北先生在 1998 年参加楼外楼 150 周年店庆时提出来的。我们认为这是一个好点子，就决定把它作为第二年的重头文化活动。

次年的春节前，总经理沈关忠和我先到北京，去了仿膳饭庄和正阳门烤鸭店。但他们听我们说要举办这样一个研讨会，却都有些犹豫，说是要让他们考虑考虑再定。

我们离开北京后，马不停蹄地赶到洛阳、开封和西安，先后拜访了洛阳真不同饭店姚立炎和开封第一楼郅军两位总经理。当我们说明来意后，两位老总都认为举办这样的研讨会很有新意，立即表示一定组团参加。而到西安饭庄找到彭蔚总经理，向她说明情况后，她说因西安市饮食集团公司的董事长在参加市人代会，要待请示后再决定。于是我们只能请西安烹饪培训学院院长王子辉教授再帮助落实。

因为快过年了，店里的工作也忙，我们从西安赶回杭州已是小年夜了。在年三十上午我们与徐城北老师通电话，通报了与几家老字号联系的情况，又在当天给他写了一封信。在信中详细说明了这次活动的目的和安排，拜托他向全聚德、仿膳饭庄转交我们的邀请信，并帮助落实。

正月初八，沈关忠总经理与我赶到南京，找到了南京金都饮食服务集团总公司蒋总经理。听我们说明来意后，他立即拍板说："就冲你们在大新年也这样辛苦，我们一定支持，就让永和园、六华春两家来参加吧！"

为了使研讨会更有文化气氛，我们还邀请了中国烹饪协会常务副会长林则普、中国烹饪界的著名学者聂凤乔、熊四智、王子辉、陈光新、邱庞同、林正秋等教授与会指导。研讨会开得非常成功，中央和省市媒体做了大量报道。与会店家不但深入研讨了六大古都饮食文化的传承与创新，还破天荒地推出了一席能让人一次宴饮中领略到六大古都的佳肴特色的"古都风味宴"。在会上，大家决定把这个研讨会作为每两年举行一次的常规活动，由与会老字号轮流做东。如今楼外楼已经做过第二轮的主持人了，我也已退休多年，听沈总和他的新搭档邓志平书记说，时隔10多年，他们到北京全聚德，当初曾有所犹豫的老总们，对我们倡议举办的这个"古都宴"还赞不绝口。

在2003年国庆节前夕，为了庆贺楼外楼155周年店庆，我们在杭州著名媒体《都市快报》的协助下，策划了请外省4个与苏东坡生平密切有关的城市的同行，来楼外楼举办"五城市东坡宴荟萃展"活动，具体名单请当地媒体推荐。

于是，苏东坡的诞生地，四川眉山的《眉山日报》推荐了眉山苏轼酒楼；苏东坡创制"东坡肉"的所在地，湖北黄冈的《黄冈日报》推荐了黄冈德尔福美食广场；苏东坡留下不少惠民工程的所在地，广东惠州的《惠州日报》推荐了惠州汤泉酒店；苏东坡的仙逝地，江苏常州的《常州晚报》推荐了常州新淮扬酒店管理公司。在活动进行时，这些媒体都派记者做随行报道。

谁知我们的这个计划被市里的有关领导知道了，当即指示：把这个活动列入市政府为庆祝"西湖景区整治工程"竣工的国庆节"万民狂欢新西湖"活动之中，并要求在此期间，杭州的各大酒家也都要在自己的店里烹制供应

“东坡菜”。

这真是“一石激起千层浪”。一时间，在杭州形成了一股“满城争摆东坡宴”的热潮。热潮中的高潮是在国庆节，杭州“万民狂欢新西湖”的群众活动在西湖上拉开帷幕。那天，从上午8点钟开始，西湖上就龙舟如织，彩旗飘扬，锣鼓喧天。我们楼外楼的画舫也置身其中，并要在船上举行一次“中华经典东坡宴”。掌勺人由各地大厨担任，参宴的嘉宾除了与会的专家学者、媒体记者，还有两位参加整治新西湖工作的代表。

在进行饮食文化研讨和展示的同时，楼外楼还邀集专家、学者和新闻、出版、文化界人士，参与策划编写出版了《名人笔下的楼外楼》《中国杭州楼外楼》《楼外楼创办150年纪念画册》《杭州楼外楼名菜谱》《楼外楼珍藏名家书画选集》《西湖全书·楼外楼》和三大册的“品味名楼·楼外楼创办160周年丛书”。这些书籍的编写和出版，不但记录了楼外楼的历史和发展的进程，也为杭州及中国的餐饮文化研究积累了有参考意义的数据和资料。

以杭州冠名的名店——杭州酒家

胡忠英(国际烹饪艺术大师,中国十大中华名厨,中国烹饪大师,胡忠英大师工作室大师,曾二任杭州酒家总经理、南方大酒家总经理,现任杭州饮食服务集团有限公司餐饮总监):

我是在1980年从江干区钱江码头旁的望海楼调到杭州酒家工作的,从钱塘江边跳到了西湖边延安路上,真有点小鲤鱼跳龙门的感觉。因为熟悉杭州餐饮业历史的人都知道,杭州酒家是杭州著名的老字号,它烹制的龙井虾仁、叫花童鸡、蜜汁火方、鱼头浓汤、芙蓉鱼片、西湖醋鱼、西湖莼菜汤、番茄虾仁锅巴、油焖春笋和糟青鱼干、杭州卤鸭、醉蟹等糟卤菜肴,是杭州家喻户晓的传统美味。

杭州酒家的前身是1921年开张的高长兴菜馆,在上海也有分店。1951年杭州市政府将其翻建后定名为杭州酒家,很多政府的重要宴请都在这里举行。1957年,周恩来总理、贺龙和陈毅元帅、时任北京市市长彭真来杭州时,都在杭州酒家品尝过杭州美味。它也是当时杭州可以接待外宾的四家酒家之一(还有三家是楼外楼、天香楼和知味观)。

很多年来,杭州市民都把杭州酒家称作“杭州人的酒家”,把在这里吃饭请客作为一件有品位有面子的美事。1990年,上海科学技术出版社曾出版了一本由老一辈革命家陈云题写书名的《金字招牌——杭州名店》,杭州酒家当之无愧地名列其中。

我进杭州酒家,先是当厨师,在领导的信任和同事们的帮助下,进步较快,不久就当了厨师长,后来是副经理,再后来的1985年,领导就把进一步擦亮这块金字招牌的重任压到了我的肩上,让我担任了总经理。

一、引领潮流的酒家

餐馆不再晒肉皮

从我在望海楼学厨时起，几乎每天要做的一件事，就是把师傅取过精肉的肉皮上的膘油刮净，然后拿到阳台及屋顶上去晾晒。这是因为餐馆所用的猪腿等都是带膘带皮进来的，精肉取出做菜，肥膘割下熬油，肉皮刮净晒干炸发皮，这是行业的传统，大家都这样做的，但这有不少弊病：一是增加厨师工作负担，二是占地方、影响环境，三是不卫生，特别是天热、黄梅天，发霉生虫是常事。

我早就想改改这个传统，担任酒家经理不久，我要店里的采购员进肉时，不要进整只猪腿，而是要像一些居民买肉一样，只买无皮无膘的腿精肉。从此，杭州酒家的厨师再也不用做刮肉皮的工作了，酒家三楼的露台上再也不会苍蝇乱飞、臭气熏人了。后来，我还在这空出来的露台上搭了几间小屋，扩大了店里的实用面积。这个事传了开去，杭州餐饮界的同仁纷纷仿效，没有多少时间，大家都采用全精肉了。

带头巧用色拉油

有一次，我去海丰西餐社厨房，当时西餐里的头道菜是蔬菜沙拉，沙拉是厨师用色拉油和蛋黄打出来的，那时中餐厨师都没有见到过色拉油。色泽澄清透亮，气味新鲜清淡，还可以直接食用，感觉很神奇。后来又看到他们的厨师用色拉油煎牛排，煎出来的牛排鲜嫩剔透，没有杂质，干净清爽。这下提醒了我，中餐里我们也可以用色拉油试试，这样冬天烧出来的菜肴，遇冷时也不像猪油会凝固泛白，于是我就让厨师试用色拉油烹制各色菜肴，无论是色、味、质，都一点也不比用猪油烹制的差，而且还能生拌各种凉菜。

此后，酒家的菜肴开始用优质的色拉油烧制。几年后，其他餐馆的同行，也都用色拉油取代猪油和菜油、豆油了。有同行认为，这是中餐用油上的一个变革，而这个变革又是杭州酒家带的头。

一门心思一个灶

杭州厨师历来心灵手巧，特别是掌勺的主厨，在炉台上操作时，往往一人要管三炉。我在望海楼时，师傅是这样做的，我也是这样学的。经过多年历练，我也能自如应对这种一人管三炉的要求。不过，常常一个阶段做下来，工作服的前心后背都被汗水浸透了。人辛苦没有什么，使我遗憾的是在这种状态下，只能做一些烹制手段比较简略的大众菜肴。在大众消费水平普遍提高，顾客对精致菜肴要求日益增多的情况下，这种状态已经是非常不适应了。

1986 年 6 月，杭州酒家的炉灶升级换代，从用煤改用了煤气。煤气灶火力旺，出菜速度比煤灶快得多，再要一个人管三个，既吃不消也不必要。于是我决定：我们的厨师一人只管一个灶，一心不两用，手里在烧什么菜，眼睛就盯牢这口锅。如此，什么样的烹制手段都能应用，什么样的菜肴都能烹制了。这样，不但保证了每道菜肴的烹制品质，而且还为厨师精烹菜肴、创新菜肴提供了一个不可或缺的条件。实施以后，厨师高兴，劳动强度减轻了，提高技艺的机会多了；顾客满意，菜肴质量好了，品尝新菜的机会多了。据我所知，没有多少时间，这种一门心思对付一个灶台的做法，杭州的很多同行都采用了！

早茶喝了“头口水”

众所周知，广州人把早点叫“早茶”，早茶市场很发达，不但本地人深爱，来旅游的外地人也喜欢。那年月，来杭州旅游的人不比广州少，可杭州却一直没有一家餐馆卖早茶。我认为这是一个商机，便决定由我们酒家来带个头，做每天早上 6 点就开市的早茶。

1985 年 10 月，我们的早茶开市了，这是杭州第一家，推出了杭式酥点、小笼、虾饺、蒸仔排等 10 多种茶点。同时，为营造气氛，经过层层打报告，我最后找到当时分管财贸的华丽珍副市长，经她批准，花了 1500 元，购买了一台当时最好的“三洋”牌录音机，在店堂里放广东音乐和流行歌曲。茶点好，有气氛，生意也就红火起来了。生意一红火，动心的人就多。不久，在杭州做早茶的店家就不止我们一家了，不少杭州人及外地来杭的游客也能像在广州一样，在好多餐馆里用“早茶”替代了“早点”。

首次"装潢"贴墙纸

做早茶前我经常去广州,我在广州看到餐饮店非常重视装潢设计,外观要比我们杭州的餐馆漂亮,内壁都贴有墙纸。后来,我们杭州酒家准备装修前向领导打报告时,就把以前这种报告中"大修""小修"的说法改成了"装潢"。在那次"装潢"后,杭州酒家面貌焕然一新,外面看看有气派,里面坐坐有情调,敞亮洁雅,舒适宜人,墙壁上也贴了杭州酒家从来没有贴过的墙纸。当然,这些装潢在今天看来,几乎是不值一提的,但在当年却是备受关注和赞赏的。很多人认为,只有这样的杭州酒家,才能和它承担的接待外宾及港澳台胞的任务相称。

自创壁炉除"预订"

中国菜大部分可现吃现烧,但也有不少菜,如杭州名菜叫花鸡、东坡肉、香酥鸭等,没有半天一天的工夫,是端不上餐桌的。因此,很久以来,对于这类美味,中国的餐馆有一条"预订"的行规。客人想吃这类菜,特别是叫花鸡,需提前一天到餐馆付订金"预订"。这在人们的流动性小。餐饮要求低的早年,这个行规从未受过非议和挑战,但从 20 世纪 80 年代开始,这条行规就越来越和市场的要求相矛盾了。不用说那么多来杭州的外地游客,就是大量的本地顾客,也不能做到提前一天来餐馆"预订"的。而杭州酒家烤制的叫花鸡,由于质优味美,特别受顾客欢迎。可是我们只有一个传统的小烤炉,每次只能烤几只,一次要烤 4 个小时,不要说当日应市,就是提前预订,也无法满足顾客的需求,从而使很多乘兴而来的顾客带着失望和遗憾离去。

我知道,产生这种"失望和遗憾"的症结就在我们的小烤炉,必须改革。于是我就在我们酒家的三楼,利用了一面墙壁,设计了一座没有店家用过的也没有在市面上见过的大壁炉。我从外单位请来了专职电工,请他按我的要求铺设了电路板,炉内共分 6 格,可同时烘烤 100 多只叫花鸡。这样一来,到我们店里来吃叫花鸡的顾客不用预订了。叫花鸡供堂吃,也外卖,每天都有不少杭州市民来买,也有一些原来没有能力供应叫花鸡的小店家、小餐厅常派人骑车来我们店里买,使他们的客人也能现点现吃这道脍炙人口的杭州名菜。

二、善调众口的酒家

中国有句老话叫"众口难调",而我们厨师的工作偏偏就是要"善调众口"。杭州酒家的历代大厨都注重追求"善调众口"的手艺,因此到酒家用餐的顾客都能享用到他们喜欢的美味,不说平民百姓,就连一些要人、名人也都能在杭州酒家一饱口福,大快朵颐。如在20世纪50年代,周总理等党和国家领导人都对他们在杭州酒家品尝过"糟香越鸡""万年长青""核桃腑肋"赞不绝口;著名的京剧艺术家盖叫天先生对杭州酒家的美味情有独钟,他几乎每个星期都要来一次,每来必点被他赞为"国内首屈一指"的"爆双脆"。

然而,"文化大革命"使包括餐饮业在内的各行各业都受到了冲击和破坏。厨师钻研厨艺,被说成是"走白专道路";餐馆烹制美味,被打成"提倡剥削阶级腐朽生活"。因此在那十年中,有着悠久饮食文化传统的中国餐饮界,日常经营的都是"大众菜"。美味绝迹、厨艺倒退,以致在"文化大革命"结束10多年后的1989年,我第一次到日本去做厨艺表演时,东京的一个餐饮团体的秘书长,虽然对我的厨艺赞美有加,却还敢信心满满地对我说:"再过3年,我们的日本厨艺一定超过中国。"很快3年过去,1992年,我到北京参加一个美食活动时,又碰到了这位秘书长,我问他:"3年过去了,你们的厨艺有没有超过中国呀?"他摇着头说:"没有,距离越来越远了。"

当然,这是后话。在1985年,我当杭州酒家经理不久,有一个日本餐饮代表团到杭州来考察,通过旅行社向我们开出订单,提出要以3000元一桌的标准来就餐。不用说我们店的同事,就是同行中很多见多识广的前辈师傅听了,也都傻了眼。因为那时所谓高档宴席,两三百元一桌就已经相当炫目了,这3000元的怎么做?

但我没有感到为难。因为从"文化大革命"结束不久,我就开始认真钻研厨艺,用心研读了一些记录中国传统高档宴席的文献,也涉猎了不少介绍中国各地的名菜名点书籍。机会总是关照有准备的人,我认为这"3000元一桌"是给了我一个考验的"机会"。我是这样思考的,日本餐饮界客人来杭州，当然要让他们对杭州传统名菜的精髓有一定的体会，于是我决定在这桌菜中安排了十道精制的杭州高档名菜。客人来自岛国日本，在他们那里，河鲜比海鲜稀缺金贵，便决定让鲜活的河鲜担任了这桌菜的主角。

实践证明，我的思考安排是对路的。当客人们品尝了我和同事为他们精心烹制的杭州名菜及时新河鲜野生甲鱼、河鳗、湖蟹、河虾后，都赞不绝口，认为这钱花得值，有的客人还跑进厨房，要看我是如何烹制这些美味的。

当然，在当年要安排和烹制这桌菜肴也不是轻而易举能做好的。就拿被称作"满台飞"的醉虾来说，当年不像今天，活虾随时都可以在菜场里买到。当时如果有客人预订，我就要和当地的渔夫约好，明天给我送多少量的活河虾。第二天一早，渔夫就会把刚从田间池塘里现打上来的河虾，急忙小跑着送到店里来，我再把河虾放在一个竹篓里，叫员工把它沉在西湖里，由专人守着。等客人入座了，再派人去取来，这才保证了我们在客人面前倒进醉虾盆的河虾，只只都是活蹦乱跳的。

还有一次，两名在杭州汽轮机厂工作的德国专家结束了在杭的工作，为感谢中国同事对他们的帮助和关照，特在我们店里设宴以表心意。我知道后，就在他们订的菜单中特意加了一道"德式牛排"。当他们酒行数巡，笑语盈席之时，服务员把这份牛排端了上去。两位德国专家先是一呆，随即喜笑颜开，立即向我们表示感谢。他们说："我们在杭州请客，能用我们的家乡菜招待中国朋友，就像我们在德国请客，非常感谢！"第二天，汽轮机厂一同志打电话告诉我们，两位专家回到宾馆后还兴奋不已，便打开行李箱把原先准备带回国的几个贵重电子元件作为礼物送给他们厂。他说："这多亏你们这份牛排，你们真懂顾客的心！"

他说得对，一个厨师，一家餐馆，只有懂顾客的心，才能合他们的意，才会使你生意兴隆，声名远播。比如我们杭州酒家的婚宴，在我们的营业中占的比重比别的店家大得多，其原因就是我们摸透了办喜酒客人的心意。那时候，人们的经济条件普遍有限，能办一场喜酒，特别是在杭州酒家办喜酒，是一件非常了不起的大事。我们就抓住这一点，只要是喜酒，不管你桌多桌少，都要让主人家感到又气派又实惠，一定要货真价实；那时候大多数受请吃喜酒的老老小小，到餐馆尝美味的机会也是不多的。我们又抓住这一点，就是要让他们吃得开心，吃得新鲜，吃得津津乐道。

于是我规定，我们酒家做喜酒一定要有特色，有品位。每接到一张订单，我就根据价码精心设计，品质就高不就低，毛利就低不就高。并规定厨房，一定要精烹细作，无论多少桌，一锅出菜不能超出5盘。因此，在我们酒家吃过喜酒的人，常常会成为我们的免费宣传员，有的就成了我们的“回头客”，从而促成了我们酒家的喜酒生意长盛不衰。

三、名厨辈出的酒家

杭州餐饮界的同仁都知道，杭州老一辈的名厨大师，如封月生、屠永泉、张小山、韩阿元、汤明贤、傅春桂、丁楣轩、吴国良等都曾在杭州酒家掌勺和主事过。他们在杭州酒家施展身手、授徒传艺，成果卓著。如在1956年浙江省认定的36道杭州名菜中，有25道是杭州酒家烹制的。我到杭州酒家工作时，他们大多已离开了杭州酒家，但他们为酒家所做的努力和奉献，仍是一笔激励我和同事们继续努力的宝贵财富。

我深信，名店之所以出名，是因为有名菜；名店之所以有名菜，是因为有名厨。要让杭州酒家长盛不衰，一定要让名厨的技艺和精神代代相传，发扬光大。所以从我在酒家担任厨师长开始，我就留意店里的年轻人，寻找培养名厨的好苗子。令我欣慰的是，我的努力得到了很大的回报。我在酒家工作的前十年，带过的徒弟有10多个，他们之中很多已成了今天杭州餐饮界的领军人物，他们的成就与业绩已经远远超过了我。

董顺翔（国际烹饪艺术大师，杭州饮食服务集团公司副总经理，杭州知味观·味庄总经理）：

我在1982年顶母亲的职，进了杭州酒家做了一个洗碗工，一洗就洗了5年。当时我日思夜想的就是能拜师学厨，这个心愿直到1987年才得以实现。那年，胡忠英经理把我从洗碗间调进了厨房，让我做做砂锅烹饪及为别的师傅打打下手。虽然我很崇拜胡忠英，一心想拜他为师学厨艺，但总鼓不起勇气向他说。

一天午休时，我出外去买吉他弦，他去公司开会，两人同路。走了一段后，我终于鼓足勇气对他说："胡师傅，我很崇拜您，我拜您为师行不行？"说完，我就低下头，看也不敢看他。谁知他却很爽快地答应了。我喜出望外，立即向他表示一定认真用心学，决不给他丢脸！我认真学，他教得更认真。在他的悉心教导下，我的厨艺进步较快，在1993年的第三届全国烹饪大赛上，就一举夺得了冷菜、热菜的双料金牌，并获得了"全国优秀厨师"称号。

王政宏（国际烹饪艺术大师，杭州饮食服务集团公司总经理助理，杭帮菜研究所所长，曾任杭州奎元馆和天香楼总经理）：

我是1980年进杭州酒家工作的，和董顺翔一样，都是从洗菜、洗碗开始做起的，也都是拜胡忠英大师做师傅的。当时我们的工作辛苦程度，是现在的年轻人无法想象的，学习厨艺的条件也不能与今日相比。但在师傅的言传身教下，我和顺翔他们几个小兄弟，什么都做，什么都学。因为我们知道，只有做得多，才能学到本事，学到知识。我们师傅有这样好的厨艺，也是靠勤学苦练做出来的，他当年在望海楼拜师学厨时，吃的苦，受的累，比我们多得多。

师傅对我们说过：学厨艺离不开两个房，一个是厨房，一个是书房。但在那个年代，关于烹饪的典籍没有今天这么多，师傅就把他的《随园食单》《调羹集》等书给我们学，让我们读。这大大提高了我对中国餐饮文化的历史、传承、发展的了解，使我涉猎和钻研饮食典籍的兴趣成了一生的爱好。不仅是我这样，我的小兄弟们也这样。我想，很多当年在杭州酒家、南方大酒家向师傅学艺的徒弟，如今都成了杭州餐饮界的精英、各大餐馆的骨干，这也是个重要原因吧！在1993年的第三届全国烹饪大赛上，我夺得了热菜金牌，获得了"全国优秀厨师"称号。

赵再江（中国烹饪大师、高级技师，曾任杭州酒家副总经理，现任杭州天香楼大酒家副总经理）：

我是1992年前在南方大酒家拜胡忠英为师的。我感到在师傅的众多徒弟中，我是最幸运的一个，因为我在他身边工作的时间最长，有20多年。这20多年来，我一直跟着他，从湖滨跟到艮山门外，向他学厨艺，向他学做人，从一个学徒成长为高级技师，从一个普通厨师成长为协助他打理杭州酒家的副总经理。在这些年中，我除了在日常工作中学到师傅的烹、炒、煎、燉的十八般武艺，更在他操办的“满汉全席”“仿宋寿宴”“乾隆御宴”和“袁枚宴”中学到了不少独门功夫。因此，在2009年天津举办的第十届中国美食节中，由我主打的杭州酒家厨师团队以“一品天堂婚宴”荣获了两项殊荣：一是“2009中国金牌婚宴”，二是“2009中国美食节婚宴金鼎奖”。

现在，我已被上级调到天香楼工作。天香楼和杭州酒家一样，也是杭州餐饮界的一块金字招牌。我要像过去在师傅身边工作一样，为擦亮天香楼的金字招牌尽心尽力。

四、二度梅开的酒家

胡忠英：

1992年，杭州市饮食服务公司领导决定，把我从杭州酒家调到新开设的杭州南方大酒家当总经理。这一干就是11年，直到2003年市里实施湖滨区块大改造，南方大酒家被拆掉。而我早年所在的杭州酒家的房产，早在2001年的企业“改制”热中，被一家叫雅戈尔的服装企业买走做起了服装生意。房产被买走了，但酒家的金字招牌和餐饮经营权依然为杭州市饮食服务公司所有。因此，2004年7月间，公司老总戴宁同志找到我，告诉我公司已决定把雪藏了3年的杭州酒家这块金字招牌重新挂起，地址定在杭州环城北路10号的通宝大厦，并决定再由我担任总经理。

我非常清楚地知道，老杭州酒家虽然已退出市场3年多了，但它的历史和声誉，并没有完全在广大市民及业界同行的心目中消失。因此从我受命主持新杭州酒家的第一天开始，在我的脑子里想得最多的，是如何让这家老字号重振当年的雄风，让它的金字招牌再次在杭州市民及顾客心目中闪闪发亮！早年名角儿到新场地演出时，头两天的节目叫“打炮戏”，沉寂三年的杭州酒家必须有它重新亮相的“打炮戏”！

正在我为此而日思夜想的时候，曾在南方大酒家吃过我的“满汉全席”“仿宋寿宴”的日本朋友、作家兼美食家的南条作则先生给我来电，说他组织了一个50人的美食团，准备出资25万元，让我在杭州为他们操办一场“乾隆宴”。好，我的“打炮戏”有了！

说实话，在2005年，在中国，在杭州，就是在我这完全是“焕然一新”的杭州酒家，操办一场“乾隆宴”也并不难。因为从20世纪80年代开始，从首都北京到江南的无锡、苏州、扬州、镇江及我们杭州等地，都相继开发了各色“乾隆菜”。因此，要让新杭州酒家的这出“打炮戏”精彩而响亮，我这次制作的“乾隆宴”就一定要出新的品位和特色。

我曾研究过多种版本的“乾隆宴”菜谱，其中有乾隆两次举办“千叟宴”的菜单，由于它宴请的都是老年人，讲究养生保健，最符合现代人“吃健康、吃文明”的要求，便决定用它作首选参照。然后再从彰显杭州地域物产及文化特色入手，选择菜品，决定菜名，把这场“乾隆宴”打上鲜明的杭州西湖文化个性烙印。

我的这个选择，得到了客人们的认可。特别是一些有中国诗词文化修养的人，一拿到菜单就兴奋地读了起来。如我将两道野味命名为“水光潋滟”和“山色空濛”，一位客人就向他的同桌吟诵了苏东坡原作的全诗。事后，南条先生告诉我，他的同行者非常满意，认为这场充满了诗情画意的宴席使他们加深了对杭州美食和西湖文化的了解。

这场盛宴受到不少媒体的关注和报道，这些报道使很多杭州市民得知，退隐了3年多的杭州酒家重出江湖了！

五、杭州人的酒家

勾人情思的怀旧菜

“打炮戏”热闹，只是个开场，杭州酒家是“杭州的酒家”，最根本的使命是要能吸引更多的杭州市民光临。但今日杭州酒家已不是昔日的杭州酒家了。昔日的杭州酒家置身杭州最繁华的湖滨商业区，不远处就是西湖，门口天天车水马龙，人流如织；而现在的杭州酒家身处杭州艮山门外，既不是商业区，也不是大型居民点，又远离西湖风景点。能吸引杭州市民前来的，只是他们对老杭州酒家的记忆及我们可能给他们提供的美味。

就在这当口，有一部叫《花样年华》的影片很红，但其实真正走红的是影片女主角张曼玉，她在影片中换了二十几身不同颜色和款式的旗袍，这些旗袍搅动起不少人心中那已沉淀多年的温馨回忆。旗袍能勾起情思，美味自然也能。于是我决定在店里推出50道“经典怀旧菜”，杭州人一看到这些耳熟能详的菜名，如糟溜鱼头、蓥扣鸡、虾油蹄髈、酱鸭时笋、爆双脆、醉炝蟹、皮儿荤素、鳓鲞肉饼、鱼头豆腐、咕咾里脊、二冬锅仔、拔丝水果、咸笃鲜、全家福等，心中泛起的温馨绝不会比张曼玉的旗袍少。有一篇报道的文章是这样说的：对于很多老杭州人来说，这些“经典怀旧菜”“也许会使他们想起在风雪夜走进家门时的心头一热，想起无数次坐到餐桌前的眼前一亮，想起老母亲的爱、枕边人的情或者是结婚喜宴上的欢笑、年三十晚上的鞭炮……当然，对于许多新杭州人来说，这些经典的老杭州菜，很可能就是又尝了一回新鲜”。果然，“经典怀旧菜”使许多老、新杭州人走进了新杭州酒家。

再续辉煌的婚宴

还是在湖滨的时候，杭州酒家的婚宴是很红火的，到了艮山门我自然更想把这个生意做好。所以在筹备时，我就没有接受要我多隔小包厢的建议，而是在一楼、二楼都留出了能放二三十张台面的大厅。果然，由于我们的名气，也由于我们的服务，新杭州酒家婚宴比老杭州酒家还红火。每年平均接待新人200多对，操办喜酒近4000桌。在2009年第十届中国美食节暨第八届国际美食节博览会上，我们荣获“全国十佳婚宴接待单位”称号；我们推出的“一品天堂婚宴”获得“2009中国金牌婚宴”和“2009中国美食节婚宴金鼎奖”两项殊荣；我们“杭州酒家——杭州缘”婚宴也获得了“2009西湖博览会杭州首届婚宴设计大赛白金奖”。

我们的婚宴不但获得了荣誉，更是给无数新人和他们的家人留下了很好的口碑和记忆。如有一位马小姐，她的父母在27年前的1983年1月结婚时，喜酒是在湖滨的杭州酒家办的。2010年9月她结婚，父母又选了我们杭州酒家给她办婚宴。后来，马小姐的大姨为孙女儿办满月酒，她的舅舅请客和年夜饭，也都在杭州酒家。一位记者听我讲了这家人的故事前去拜访，他问老马先生为什么这样看重杭州酒家，他的回答是：“那个时候，杭州酒家不光菜好，而且名气大、地段好，办酒席有面子。现在，杭州酒家是老字号、百年老店，依旧有面子，菜口味好，而且价格还实在。”她的夫人、当年的新娘汤大姐记性非常好，清清楚楚记得27年前喜酒上的菜点。她说，60元一桌，冷菜6道：酱鸭、熏鱼、香肠、白斩鸡、素烧鹅、三丝拌芹菜；热菜10道：叫花鸡、西湖醋鱼、油爆虾、咕咾里脊、清汤全鸭、红烧鳝段、红烧蹄髈、四味菜心、炸二样和雪菜冬笋；点心2道：八宝饭和春卷。

真要感谢她，她的记性为我们保存了一张杭州酒家婚宴的老菜单。

送出店堂的年夜饭

老底子的年夜饭，大家都是在家里吃的。因此有的餐馆年三十是放假关门的。但自从近年上餐馆吃年夜饭的风气越来越浓后，杭州很多餐馆的年夜饭常常是供不应求，人满为患，一桌难求。我们杭州酒家更不例外，特别是有些杭州人认为，在杭州酒家吃年夜饭特别有家的感觉，不少人常常是吃了今年就订明年。因此一到临近过年，我们就没有桌子让客人订了。到了年三十晚上，连走廊角落都利用起来也不能解决问题。对此，我们总感到有点对不起不能在我们店里吃上年夜饭的老老少少。

终于在2011年春节前，我们想出一个办法，就是在年三十的前几天，加工一些半成品的年夜饭，让顾客通过电话预订，到时请快递送上门去。这种年夜饭分4冷、7热、2点心的4人餐，6冷、10热、2点心的8人餐两种。这是我根据“美味可口，荤素搭配，绿色加健康，传统又时尚”的原则选配的。

冷菜可直接上桌，热菜的再加工也非常方便，只要放进锅里蒸一蒸，微波炉里热一热，或者稍做煸炒就可以了。无论是4人的还是8人的，都能在1小时之内，让一家人高高兴兴地在家里吃上杭州酒家的年夜饭。这种送出店堂的年夜饭，从2011年到2013年，每年都能送出200多套。虽然数量不大，但多少也消除了一些没能在杭州酒家吃年夜饭的人的遗憾。

六、继往开来的酒家

胡忠英：

2012年，市里的湖滨区块改造工程已近尾声，饮服公司领导已决定把杭州酒家这块金字招牌再挂到湖滨延安路上去。而这时我也过了退休年龄，领导也已在考虑安排我的新工作了。因此，我和还在艮山门外的杭州酒家，都已经渐入要谢幕的阶段。

说来也巧，8年前当我和杭州酒家在艮山门重新亮相时，南条作则先生订的“乾隆宴”让我唱了一出响亮的“打炮戏”。现在我在考虑“谢幕”了，他又给了我一个机会。他要带60位美食家朋友再来杭品尝美味，问我能有什么新鲜菜品再让他们大快朵颐一番！我稍做思考，便回答说：“这次你们来，我想请你们品尝根据《随园食单》制作的袁枚宴！”

他一听就连声回答：好，好，好！

事情决定得似乎有些突然，但其实这是一个多年就盘旋于我脑间的课题。袁枚是清乾隆年间人，是正宗的老杭州，幼时曾在杭州酒家所在的艮山门附近住过。他是著名诗人和学者，同时又是一位有“食圣”之誉的中国饮食文化大家，他所著的《随园食单》，是厨师必读的中国饮食文化“小百科全书”。改革开放后，包括杭州在内，各地餐饮界开发了不少传统名人宴，但“袁枚宴”却还没有人操办过。我也曾多次动过想办的念头，但没有找到合适的机会，现在机会来了，我要把已流传了200多年的《随园食单》中的文字变成一道道活色生香的美味佳肴，把它纳入我的谢幕安排中的精彩一场。

我的这个想法，立即得到了我的上级领导杭州饮食服务集团总经理、杭帮菜博物馆馆长戴宁先生的大力支持，他让我把宴席的场地安排在开馆不久的杭帮菜博物馆里，他说："袁枚先生是个连餐饮器具都非常讲究的人，我们首开'袁枚宴'在环境和场所上也一定要让客人们印象深刻，回味无穷！"

于是，我就特邀了早年在酒家工作、后来在别的餐饮单位挑大梁的董顺翔、王政宏等贤徒及本店的厨师，组成了一个实施团队。经过近半个月的谋划，8月1日中午11点，在我特意请来由演员饰演的"袁枚"先生欢迎引领下，60位客人步入杭帮菜博物馆宴会大厅，"袁枚宴"开席了。

宴会定为中餐和晚餐两场，我的安排是，每场10道精致小冷盘，正菜和点心分为5道上，每道是3盘热菜，两盘点心。两场共30盘热菜、20盘点心及20盘冷盘，约为《随园食单》所列菜点的1/3，但也足以令这些客人大快朵颐，对袁枚和《随园食单》加深了理解和体验。

果然，客人们个个喜笑颜开，对我及所有为他们的美餐而操劳的人表示由衷的感谢。他们也对我把这次的菜单写在纸扇上，在开宴前就送到每一位客人的手上，以及在宴会中有给客人朗诵袁枚及其弟子的诗文表示赞赏。特别是南条先生，更是兴奋不已，他说回去以后一定要好好地写一篇文章，文章的题目是"中国杭州食游纪行"，副题是"文人墨客宴会文化"。

"袁枚宴"结束不久，饮服公司领导已把我的新工作安排定局，要我担任公司的餐饮总监，并到设在公司里、由省市劳动人事部门聘定的"胡忠英大师工作室"去坐镇。这时延安路上的新杭州酒家也临近开业了，这个新杭州酒家的总经理又是我的爱徒董顺翔的高足刘国铭，是一个非常能干的青年才俊，这使我备感欣慰。雏凤清于老凤声，我相信他一定会比我做得更好。这是规律，也是愿望。

七、返闹市谋新篇的酒家

刘国铭(中国烹饪大师,现任杭州酒家总经理,曾任知味观·味庄副总经理):

我是在2012年由领导决定担任即将重新在湖滨延安路开张的新杭州酒家总经理的,能从我的师太公胡忠英大师的肩上接过他先后挑了20多年的重担,我自然是又激动又紧张。激动的原因有多个,紧张的原因只有一个,就是我明白,领导委我以重任,是要我在前辈辉煌的业绩上"百尺竿头,更进一步"。已经"百尺"了,再上不容易啊!

不容易也要上。2013年9月20日,重返延安路闹市的杭州酒家隆重开张,我为它打出了两个口号。一个是"良心好食材,百年老味道"。这个口号是从继承发扬传统着眼的,就是要用地道的正宗食材,做出地道的传统老味道。经过1年多的运作,我们的"果木泥烤叫花鸡""清汤鱼圆""杭州熏鱼"和"马蹄响铃"声誉鹊起,在网上被人称作"四大金刚";我们的"龙井虾仁""糯米酱鸭""木郎紫苏鱼头""闷骚南瓜"和"铁斗"系列,被人赞为"五朵金花"。

第二个口号是"做中国最潮的百年老店,开启杭州酒家的电子商务时代"。这是我的前辈们来不及做的事,对于我来说,却是必须完成的历史使命。还是在谋划开业时,我们就认定,重返闹市的杭州酒家必须迎合各档年龄段消费者的喜好,但要把"80后"作为主要的目标消费人群,因为他们是当下餐饮消费的主力人群。

根据这个市场定位,开业时,我们的促销营销全部集中在线上的推广,几乎没有在任何的平面媒体和传统的电视媒体上做过广告。开业后,我们在电子商务上又做了一些创新。我们把推出新菜肴的图片和介绍在网络上传递与宣传,又根据网友的反馈对菜肴进行改善和调整。所以开业3个月,我们的菜肴就荣登全市热门排行榜第一。至今已有一年,在热门排行榜上我们始终名列前茅。

在传统的网络网站上，我们与很有影响力的“19楼”论坛及“驴妈妈”进行多项合作。如在“19楼”上，我们将开业以后的菜品、环境、口碑不时地传播出去，引起了一波老字号回归的讨论热潮。对于一些特定人群，如“知青群”，我们就通过知青网和他们交流。因为这一人群是与杭州酒家一同经历过时代风雨的，他们对杭州的老字号有很深的感情。所以我们在知青网上也做了许多活动，知青网论坛的许多聚会都在杭州酒家进行。

当下，信息时代的网络已经从传统的电脑端走向移动终端(也就是手机客户端)。我们就与阿里巴巴集团旗下的淘点点进行合作。淘点点想进军餐饮行业，而我们也希望在他们的领域里发展与创新，双方一拍即合，全面投入了开发，采用手机点菜与手机支付的这些功能业务。这个合作使杭州酒家在2014年初，就成为首家可以手机点菜、手机消费的领头羊，成为淘点点在杭州的样板店。杭州是淘点点在手机点菜的样板城市，杭州酒家当仁不让地成为全国手机点菜的NO.1。现在，我们在淘点点上的建设已经达到了一个比较成熟的阶段，顾客在来杭州酒家的路上就可以把所有的菜都点好，落座以后可以扫桌子上的二维码进行下单支付。这是一种智能化的时尚，百年老店需要这种时尚。有了这种时尚，才可以称作“最潮的百年老店”。

当然，这一切都还只是开始，杭州酒家重返闹市谋新篇，任重而道远，我会努力的！

深化改革 成功转型 快速发展——金龙集团

颜阿龙(杭州金龙集团有限公司党委书记、董事长、总经理):

1979年,我告别长达10年的"知青"生活,从大兴安岭回到浙江,进了杭州金龙公司。在金龙,我从仓库保管员干起,当过干事、科长、工会主席,20世纪80年代后期任公司的党委副书记、副总经理。

对自己未来的发展,我有过各种憧憬和无数遐想,就是没想到在改革开放的浪潮中,我竟会以立"军令状"这样一种自断退路、豁出去的方式开启与企业同生死共命运的历程。

一、"我就不信企业办不好"

那时的金龙公司,正儿八经的国有商业批发企业,主要经营百货、文化文具、油墨印刷器材和日化洗涤用品等。有630名员工,300多名离退休人员。1991年销售超过3个亿,利税千万元,在全国商业系统同行中名列前茅。

改革开放以来,特别是在向市场经济的转轨中,公司开始暴露出严重的不适应症状。

除了国企普遍患有的通病外,还有在1992年集中并发的"三大危机"。首先是"资金危机",在银行停止异地托收承付、紧缩银根抽回贷款的背景中,公司结算资金一下子陷入困境,不良应收货款(即通常所说的"三角债")居高不下。其次是"库存危机",数千万元的庞大库存中,有的是历年积淀,有的是新形成的有问题、卖不掉的销小存大的商品。再次是“信任危机”，包括“劳模”在内的一些干部和经营骨干先后辞职跳槽，引发在岗人员对国企发展的疑虑和担忧，“军心”动摇。

公司的正常运转陷入困境，险象环生。

此时，上级领导面对计划经济向市场经济转换中的同业竞争态势，正在评估公司继续生存的空间，考虑着是否要把我们公司和兄弟公司合并调整的问题。

我深知这“合并调整”意味着什么，我有一种信念：不信企业办不好。1992 年邓小平南方谈话及后来党的十四大精神，使我如同士兵听到冲锋号，热血立马沸腾起来，强烈预感到新一轮改革开放和经济建设高潮正在到来。我还注意到，无论是国家加快发展第三产业的决定，还是宏观经济体制改革部署，指向已经十分明确，就是要把企业推向市场，而且要大力推进流通企业经营机制的转换，使之逐步成为自主经营、自负盈亏的经济实体。

因此，我向上级建议，在困难和危机面前，还是需要给企业一个自我拯救和改革调整的机会。同时，我在上级面前立下了一生中唯一的“军令状”：给我们 3 年时间，如果公司还不能走出困境，没有步入良性发展轨道，不用上级下文，我主动辞职。

1992 年圣诞节那天晚上，公司召开全体班组长以上干部大会，上级主要领导在会上宣读了对我的任命，由我出任公司的党委书记、总经理。我在会上做了“施政”报告，核心就是争取用两年时间完成一揽子的改革调整任务，即经营机制、内部运行机制、管理机制、分配机制的转换和库存结构、资金结构、商品结构、目标市场、客户对象的调整，简称“四个转换五个调整”。由此拉开了金龙公司以市场化为目标的改革发展序幕。

如今回头看，我们用了两年时间实现了企业脱困，获得了生存下去的权利。此后，我们一直在企业的结构调整、机制转换和创新发展的道路上，艰难抉择行进中。

我将自己融化在企业中，和班子同志，和全体干部员工一起，义无反顾走向市场，披荆斩棘，砥砺奋进。曾经的全国数千家同行企业，现如今大多已难觅踪影，而金龙公司却实现了凤凰涅槃式的重生，从一家传统批发企业蜕变成以资产经营为主、服务业为辅、集资本运作于一体的，具有一定市场竞争力的现代企业集团。

现在，我们又在酝酿能否打造一个“百年金龙”，以实现可持续发展。

我很庆幸，赶上了改革开放的大好时代，在导演传统企业蜕变重生的过程中，贡献了自己的绵薄之力。我先后获得了浙江省商业劳模、浙江省劳动模范和全国五一劳动奖章等荣誉，同时，还连续三届当选了杭州市的人大代表。

二、观念转变最最重要

国企改革难点之一是观念的转变。国家要把企业推向市场。市场经济，就是市场在资源配置中起决定性作用的经济，适应市场就能活下去，否则就将被淘汰出局。为了能生存下去，必须适应形势、转变观念。

新班子上任，首先遇到了“要荣誉，保先进”，还是“要生存，求活路”的坎。

企业已经深陷危机，但还在不停“抽血”，因为公司和政府签有“两保一挂钩”承包经营合同。以1993年为例，单是利润一项就要上缴600万元。如此，公司改革的启动资金从哪儿来？打翻身仗的本钱又在哪里？再三思虑，我们商议提出要中止承包展开自救，用新产出的利润来卸历史包袱、弥补潜在亏损。

我们对政府大声疾呼，将企业的真实情况透明化，要求中止承包，改竭泽而渔为休养生息、放水养鱼。

内部征求员工意见，大家的思想问题来了：国有企业怎么好提出这种要求？公司是全省商业批发系统最大的承包企业和创利大户，不承包就是不讲政治，丢掉了表率、领头地位！社会上会怎么看我们……

一天，《杭州日报》的一位记者来公司采访。我们聊到了一揽子深化改革方案和中止企业承包的想法。记者善意地提醒：中止承包，要考虑对企业造成的负面影响，荣誉、奖状还要不要了？

是啊，公司是“老先进”，各类奖状、荣誉应有尽有，舍得放下吗？我回答记者说，不能被奖状压趴下了，如果要在市场运作和奖牌荣誉之间做选择，我宁要市场，不要奖状。

几天后，采访见报，在头版并冠以“宁要市场，不要奖状”标题。“宁要市场，不要奖状”一见报，竟引起了社会热议。

说到底，这是一个是否实事求是的问题。在统一思想认识的基础上，我们向上级正式提出了中止承包的要求。政府有关部门给予了充分理解和支持，批复同意我们中止承包。

观念碰撞可以说无处不在。

企业80%人员集中在5家分公司，每家都是“大而全”。如其中一家分公司近120人，班子配备1正6副，5000余种商品，年销售近亿元，内设9个经营部，还有财务、开单、综合、接待、查询等附设机构。这样庞大体型的组织，很难适应瞬息万变的市场竞争形势，“船大难掉头”。

经营上，靠供货会“看样下单”、“朝南坐”、等客上门做生意。看起来机构齐全、职责分明，但现实中，业务员只管销售不管货款回笼，财务只管算账不看商品流向，保管员只管物品数量不查有效期、保质期。那么，货款到底该由谁负责收回？库存商品质量问题到底该由谁来承担责任？没人知道。采购环节同样如此，明明滞销积压的商品照样会拖进来几百箱、几千件，盘点库存时发现，橡皮筋、象棋等这些根本不是紧俏热销的商品，仓库里却堆积如山，几年都销不完。这又是怎么造成的？该由谁来负责？没人知道！

不改革这样的体制、机制、模式，再多投入都是无底洞。

我们下决心实施划细专业、核算到部、以货款回笼为核心等改革措施，率先将这家体型庞大的分公司裂变为“小而专”的6家公司，砍去不必要的附设机构，精减人员，内部实行全员风险承包责任制，从制度和分配层面，突出把好“谁销售谁回笼”“谁进货谁负责”口子。

方案一出台，干部员工思想一时还转不过弯来，说机构细化是丢了企业的综合优势；与国企名分不符，像“皮包公司”；调整目标市场和客户对象，万一老的调整了，新的又没形成，怎么办？我们班子在做好引导、教育工作的同时，坚持邓小平南方谈话“不争论”精神，允许一时想不通、不理解，但不允许不改革。

经过半年实践，这6家“小而专”产出的利润合计竟然比原先的一家增长了43%。这一结果，振奋了人心，大家从事实中看到了希望，增强了改革的斗志和信心，由一开始的“想不通”有担忧转变为积极支持裂变改革。我们抓住这一有利时机，下半年将所有分公司全部择优划细、更新重组，打破“大锅饭”，最多时裂变出32家小而专的经营单位。员工主动经营、抢做生意，纷纷联系客户说：我们承包了，业务到我们这里来做。

当时我的考虑是，5家分公司犹如企业这艘航空母舰上的5只发动机，马力都差不多，必须一起开动运转才能航行，其中一个出故障，航空母舰就动不了，要沉没；现在，航空母舰裂变成“联合舰队”，即使途中沉掉几个，其余照样乘风破浪前进。

我们把“清欠压库”当作公司的“生死大决战”，不是等政策出台，而是用新创利润自费推进，因为，能否尽早把他人拖欠未还的巨额货款要回来，能否尽快将庞大的有问题库存商品处理干净，关系到能否盘活存量、减少潜亏、摆脱危机的大局。

对公司决策自费开展清欠压库，有一种说法，认为我们是国有企业，这些问题是宏观政策变化和市场竞争造成的。因此，清欠压库需要等国家给政策，靠政府来关照，要上级再输血。一句话，还是“等、靠、要”。

那时，全国上下都在清理“三角债”，商业系统的就看谁动手早。因此，我们是与时间赛跑，花代价值得，否则，拖得越久损失越大。

拖欠货款涉及全国各地的3000多家客户单位，我们提出“全员抓清欠”，部署打好“三大战役”，即“东北”“鲁豫”和“淮海”战役，每条战线都有总经理室领导挂帅，配有经营、管理、财务人员以及律师随行。公司总部设立了“清欠办公室”，负责整个清欠的联络、协调与业绩考核。由于我们动手早，清欠业绩还不错，根据欠款单位的实际情况，有现金的拿现金，有汇票的拿汇票，有商品的拿商品，对那些既没钱也没商品的单位，只要有其他物资的照样要。于是，七成新的伏尔加汽车开回来了，全新手表、大米、食用油、香皂、圆珠笔、计算器、电子琴……运回来了，有些无法运回的，就地变卖。“三大战役”坚持打了两年，累计派出2400余人次，打了10场官司，圆满完成了两年清欠的总目标。通过退厂、调剂串换、削价和报损处理等途径，库存有问题商品也得到解决。两年下来，公司整个库存结构也已基本趋于合理。

经过1993—1994年的不懈努力，“四个转换五个调整”的改革举措初见成效，清欠压库告捷，金龙公司终于卸掉了包袱，摆脱了危机，走出了困境，比“军令状”约定的三年期限提前一年实现。

说到底，公司转型改革每前进一步，都是解放思想、革除旧弊的结果。即使现在，也依然如此。

金龙商厦的成功打开了公司转型之门。

“金龙商厦”已烙在人们的记忆中，记载于史册文案里。学界和高层将金龙商厦“10点利”喻为“中国商界第五次冲击波”。我倒认为，这只不过是金龙公司迈出的企业转型第一步。

1993年12月6日，公司班子扩大会议，其中商议了开拓新业态、涉足零售业的事。

当时的形势已经很紧迫。随着商业流通改革的深入，厂家和零售商都竭力跳过中间的批发环节，加上专业商品市场的兴起，传统商业批发的生存空间受到了严重挤压。与批发窘境形成鲜明对比的，是零售业的红红火火，一派闹忙景象。

国家放开经营了，我们当然不能再墨守“一亩三分地”，更不能因循守旧使企业重蹈覆辙。怎么办？班子扩大会议决定，依托批发，将触角延伸到零售业，投资开办以“货真价实，工薪族购物好去处”为宗旨的“金龙商厦”。

这是一次冒风险的决策！从来没有搞过零售业，什么都缺，有的只是信心和冲劲，以及为企业转型开拓出一条路子的决心！

金龙商厦在杭州武林广场，租用浙江展览馆西侧的底层。底层面积只有1700平方米，但层高有7米，于是我们加层一隔为二，分楼上楼下，扩大了面积。商厦人员，三成从公司内部抽调，其余社会招聘。商品从批发单位按内部移库方式直供，批发单位没有的，向社会组织货源。不到两个月时间我们完成了所有前期工作，一切就绪，1994年2月商厦开门营业。

新的业态新的探索，公司从上到下热情高涨，期待能“一炮打响”，旗开得胜。说实话，我内心是忐忑不安的，要知道，杭州商业系统批发企业办如此规模的零售商厦，我们是第一家，办好了，吃到头口水；办砸了，后果很难想象。

尽管有心理准备，但现实却要严重得多。开业半年，商厦平均日营业额不足6万元，实际亏损达到了49万元。商厦班子和员工团队都非常努力，仍止不住下滑势头。问题究竟出在哪里？

我们心里都非常着急。我把大量时间用在跑同行，蹲点看人家是怎么经营的；跑政府部门，听取上层分析，领市面、明信息，然后回来和商厦班子团队分析、商讨，引导大家一起寻找问题的根源。常常是营业结束后开始，一直分析商议到深夜才离开。

我们分析，市场无序竞争导致消费者对商家缺失信任。媒体有一则典型报道，1994年3月中旬，杭州一家商场的一件紫貂皮大衣从标价46.8万元促销让利到最后以9.8万元成交，落差达37万元，而经有关职能部门查证，实际成本仅为5万元。流通领域诸如此类的暴利现象较为突出，还有各种眼花缭乱、名不副实的促销打折，既拉高了物价，又坑害了消费者利益，市民对此深恶痛绝，筑起了心理防线，对商家不再轻信。这就是当时的市场背景。

分析自身，商厦的经营宗旨没有为消费者认可，一味跟风仿效促销招术，没有自己的经营亮点，“薄利”没有换来“多销”。

问题症结找到了，我们更坚定了“薄利多销”理念，问题是如何让广大消费者知晓我们本来就只有10点左右毛利的这一“薄利”事实。按着这一思路探究，终于，公开商品进价和毛利，明明白白“只赚10点利”的营销思路就此浮出水面。

8月中旬，金龙商厦“10点利”率先通过省、市媒体报道，迅速传遍大街小巷，往日人迹稀少的商场，立时被挤得水泄不通。

这是动真格的营销。市物价部门为商厦特制了“10点利商品标价签”，聘请消费者为物价监督员，政府职能部门牵头成立优质服务监督员队伍。数管齐下，让消费者明白我们货真价实，放心我们赚的就是“10点利”。

金龙商厦“10点利”是一种营销策略，在通货膨胀高起、暴利横行环境中，深受消费者欢迎，也得到媒体的重视。全国各地媒体甚至国家级媒体都给予深度报道，电台、电视台也相继采访报道。

这期间发生了一桩差点使“10点利”夭折的事。

生意好了，一些商品库存告急。还是夏季，衬衫首先开始断货，尔后又波及其他商品，许多商品开始脱销。向厂家催促，发现原先巴不得我们多进点货的厂家，要么说无货可供，要么就是推三阻四。这是怎么回事啊？经过了解，反馈的信息是有商家向厂家施压：不得向金龙商厦供货。这个压力也施加到了我们下属的各批发单位，被告知如果继续向商厦供货，他们就停止向金龙批发进货。

这股“抵制风”刮得突然，出人意料。

我对商厦和各批发单位说：“不管东南西北风，只要对国家、对社会有利，对消费者有利，对企业发展有利，我们就坚定不移地走下去。”

在安抚内部的同时，我主动与相关单位斡旋，逐个做工作，取得他们的理解，努力化解矛盾。

对一些厂家借口维护品牌声誉和身价而中止供货的行为，我们也采取有针对性的措施，动之以情，晓之以理。

敏感的媒体捕捉到这一信息，纷纷予以披露和报道，一时间，舆论攻势全开，对“抵制”行为进行了评说，引起了市民的关注。

通过各方努力，部分厂商拒绝供货事件得以平息，“10点利”营销得以继续。通过媒体的密集报道，消费者进一步认准了金龙商厦是诚信经营，是货真价实的“薄利多销”，认同感和信任感得到了提升。

到1994年底，商厦一算账，当年销售5000余万元，盈利50多万元。也就是说，通过“10点利”营销，商厦实现了扭亏为盈。

有记者问我：“10点利”获得了成功，有何感想？最大好处是什么？

对前一个问题，我说：“我们只是在合适的时间、合适的地点，做了一件合适的事情。”对后者，我回答：其实，“10点利”带给我们最大的好处，不是扭亏为盈，而是一夜之间跻身杭州最出名、传诵率最高的商场，这是花个几百万广告费也换不来的；同时也带给我们一个理念：经商必须货真价实、薄利多销。

1994 年 10 月下旬，国内贸易部牵头，在京召开了国家有关部、委领导、专家、学者等参加的“10 点利”研讨会。会议将我们的“10 点利”营销喻为“中国商界第五次冲击波”。

2008 年，中国产经新闻评论员在《30 年中国商业巨变》一文中写道：“杭州金龙商厦的‘10 点利’拉开商业微利时代序幕。”

金龙商厦的成功打开了公司转型发展之门。

之后，我们于 1995 年初将商场零售业态转变为连锁超市业态，创办了“金龙连锁超市”，到 2000 年初，门店达到 42 家，年销售 5 个多亿，成为省内最大的连锁超市，全国排名第 27 位。当年《杭州日报》曾撰文这样评价：金龙连锁超市“不仅打破了我市百货行业连锁经营一度沉闷的局面，而且首开杭城商界超市连锁的先河”。

我们在商品经营转型的同时，大胆实施了资本经营，通过企业兼并、收购，扩大了公司的资本实力。

涉足商业地产，建成了金龙商务楼和金龙财富中心大楼，并由此带动了西湖之春假日酒店、金龙物业服务等新业态的成长。

涉足资本市场，开展投资理财业务，正在成为公司新的经济增长点。

我们的转型，可以这样概括：是由单一的批发经营转型多元业态经营；由单一国有产权转型多元投资主体的企业集团；由单一的资源要素配置转型资本运作的市场化配置；由单一的商品经营为主转型以资产经营为主；由单一的年度计划安排转型企业的战略管理。通过转型，我们摆脱了传统体制机制的束缚，逐步走上了一条全新的发展道路。

不过，我认为企业的转型没有尽头，这才刚刚开始。

三、角逐资本经营，一举解开四结

在早期转型发展中，我遇到四个难解的“结”：公司老大楼满足不了经营发展需要，新的大本营在哪里？连锁超市门店绝大部分是租来的，替房东在打工，如何转变规模经营的质量与效益？在建的“金龙大厦”成“鸡肋”工程，怎样才能成功解脱这个状态？企业要实现长远发展，作为保障的资源要素和潜在增长力在哪里？

这四个难解的"结"中，"金龙大厦"项目最为揪心。

在杭州体育场路东端有一块土地，几经努力，我们与地主单位签下了合同，金龙公司出资金，对方出土地，以联合开发方式建造高22层、总投资约1.2亿元的"金龙大厦"。当时的意图是将此作为公司大本营和再建一个大型零售商场。1995年6月，启动桩基施工，至年末，我们已投入约2000万元。那时公司刚摆脱"危机"，实力还很弱，因此，项目尽管已经启动，我内心仍在迟疑彷徨：1.2个亿的投资如何筹措？每年上千万的利息如何承受？而且，零售业正发生着变化，利润优势不复存在，3年大厦建成后的市场形势又将发生怎样的变化？停，停不得；上，又心有不甘。我不止一次说："每打一根桩，我心都在痛。"

那段时间里，我如坐针毡，后来，经过商议采取两条措施。既然桩基施工不能停，那就打完桩后工程暂停，想办法将项目转让；另外，班子成员带队组织"扫大街"，重点寻找那些可以便宜购置或租用的闲置厂房、空置的仓库。

组织"扫大街"，我是寄希望于利用杭州"优二兴三"产业结构调整的政策机遇，拿来为我所用，实现企业的低成本发展。我们走街串巷，四处察看打探，几乎将杭城走遍。

一天中午时分，听说有一家丝织厂关门停产有段时日了。我顾不上吃饭，拉上班子的人前往。丝织厂大门紧锁，透过铁门缝隙张望，里面空无一人，对着铁门的车间大门也掩着，我们只能沿着围墙察看，根据空中架设的暖气管道走向，猜测厂区车间的排列情况。总体感觉地段好，面积也合适。下午，我安排人去了解市政规划情况，结果反馈的消息说，该地块已纳入小区住宅建设，不得再做他用。

就在我们屡屡碰壁、"扫街"无果的当口，分管副市长及政府有关职能部门的领导到公司搞调研。听了工作汇报后，副市长把我叫到一边，说："不晓得你对企业兼并感不感兴趣，如果感兴趣，我那里有一份全市退二进三的企业名单，可以挑选一下。"

我一听副市长说的话，连想都没有想一想，脱口就说："可以啊！要不现在就去看名单？"

我当时非常兴奋，通过企业兼并实现低成本扩张的事，想过但未细究，现在看来，这就是一条可行路子。千载难逢的机遇，我当然要尝试。

在副市长办公室，我拿着名单仔细看，一家一家比较，当看到名单上写着的"杭州毛巾被单厂"时，不由大声对副市长说："我不用再看了，就这家厂。"

我对毛巾被单厂不陌生，因为家就住在工厂不远，晚上出来散步经常看到偌大的厂区里黑灯瞎火的，心想该不会是停产了吧？地处闹市区，沿街有厂房，这样闲置实在可惜。为此，还曾经托人了解情况想租下这块场地。

副市长看了看我指着的厂名，抬起头，真诚、认真地对我说："阿龙，我只提供名单，具体由你们两家企业自己去谈。"

一场跨行业、跨系统的企业兼并就这样从偶然中起步。

杭州毛巾被单厂地处市中心庆春东路，为当时新的商业街区，沿街有现成的厂房，是省内规模最大的专业生产毛巾被单的国有企业，750 余名在岗职工、850 名离退休人员。因产品的技术含量低，又受到乡镇小厂和私营企业的冲击，工厂已经资不抵债，亏损 2500 余万元，欠银行债务 2600 余万元，基本处于停产中，市政府将其纳入兼并、破产企业之列。

我带上班子同志到厂里，见到厂长。厂长很爽快，说："这个事情，我们做不了主，要找纺化公司，就是原先的市棉纺局。"

驱车来到市政府综合大楼，找到纺化工业公司。说明来意后，纺化公司领导说："巾被厂兼并一事，已经有几家在洽谈，金龙若有意，到时候安排一位副总牵头具体谈。"

我的想法很直接：尽快摸清楚"已经有几家在洽谈"的究竟是哪几家？然后有针对性地制定我们的兼并方案。

于是，我把能和巾被厂沾上那么一点关系的都发动起来摸情况，汇集的信息是：的确有 3 家省、市大企业看中巾被厂。这 3 家大企业愿意出巨资兼并，但都有一个前提条件，就是"要土地要资产，人员一个不要"。人，成了一道坎。纺化公司还有一个内部整合方案，拟由系统内的另一家企业接收巾被厂，但因一时难以统一，僵持已久。

情况已经清楚：兼并能否成功，关键在于人员的安置。我说这就是金龙的底牌！我大体盘算的兼并框架是：利用国家“多兼并，少破产”的相关政策，可以多途径解决工厂的亏损和债务；工厂的机器设备可以集中处理，收益不会低；旧厂房稍加改造后马上可以利用起来；宝贵的土地资源也为公司今后的新发展提供了可能；连锁超市的发展和新业态增长，能够吸纳工厂人员，具有“零下岗率”、成建制接收的企业兼并优势。与投资建造“金龙大厦”相比，兼并的低成本扩张优势十分明显。

至此，我一方面将兼并思路向上级做了汇报，同时，与有关部门沟通，了解兼并相关的财税、银行、土地等方面的政策。另一方面，在公司内部做好工作。在专门召开的干部会议上，我就企业兼并设想做了吹风，同样有思想问题暴露出来：巾被厂地段是好的，资源也要的，我们承担了工厂的债务，如果再接收人员，是不是负担太重了啊？“小船拖大船”，搞不好，公司也要被拖垮的。一句话，“最好是人不要”。

我对大家说，巾被厂有“两个宝”。一个“宝”是人，我们从事商业经营，正在积极发展连锁超市，每开一家超市门店，我们都要从社会上招一批人，而工厂职工是现成的，因此不是“包袱”而是资源。另一个“宝”是庆春路“黄金地段”上的土地以及沿街的现成厂房，利用这一资源既可以开设商铺扩大网点和卖场面积，又能满足公司新的大本营建设和未来发展的潜在增长需求，而且还能解决“金龙大厦”在建项目规模不经济的问题，一举能够解开四个结。实事求是地讲，如果可以“要资源不要人”，那么，这样的好事情，根本轮不到我们金龙。

谈判进行得异常艰难。毕竟我们是商业企业，规模盘子也比工厂要小，而且又分属于不同的系统和不同行业，再加上对方名为工业公司实际是局级机关。因此，从理念、心理到现实的利益，双方都存在差异，往往一个实质性问题，需要几轮谈判才有些许进展。种种迹象透露，有关方面不太希望或没有打算让金龙这样的“三产”来兼并巾被厂。

拖1个月，工厂至少新增亏损45万元。我接受不了这种磨磨蹭蹭“马拉松”式的谈判。由于着急，有那么一段时间里，每天在办公室边打点滴边办公。后来，实在受不了这种煎熬，干脆南下去参加了商业部组织召开的全国连锁工作会议。结果，人在外边，心还在杭州，每天晚上都要和有关同志打上一通长途电话。

这样下去肯定不行，再好的事也可以给你拖黄了的。于是我以公司名义给市长写了份报告，讲了金龙对巾被厂实施兼并的思路和好处，也讲了当前谈判中遇到的种种困惑，恳请市长在百忙中给予指导和支持。为抓时间并减少中途意外纠葛，我通过市政府熟悉的有关部门领导将报告直接放在了市长的办公桌上。

没几天，好消息终于传来，市长在我们的报告上做了批示：此事符合市委、市政府“优二兴三”要求，金龙如果能够安置好人员，如果能够接收离退休人员，如果能够承担全部债务，我看此事可以，请两位分管副市长会同有关部门协调。市长的批示，为打破兼并僵局起到了决定性作用。

兼并谈判也到了最后关头。我们坚持坦诚务实，与纺化公司谈判小组做了广泛深入的洽谈，甚至放弃休息时间，在一些重大问题上再沟通、再交换意见，使企业兼并的实施方案渐趋明朗。我们特别强调和承诺三条，一是承担巾被厂的债务；二是只要巾被厂职工本人愿意，将全部接收、安置上岗，确保“零下岗率”，同时，工厂的离退休人员全部接收；三是巾被厂现有的专业生产设备和数量可观的机器，总值1300多万元，本着推进“第二产业”发展的大局，全部无偿划转给纺化公司，以做到物尽其用。至此，兼并谈判终于有了转机。

这期间有过两件事，也在一定程度上推进了企业兼并。

一件事是向工厂借用员工。我比较早地在考虑，实施企业兼并，人心是关键，如何使工厂职工尽快熟悉和了解金龙公司呢？于是，我想到了借用职工。在双方接触之初，我对厂长说：我们发展连锁超市缺人手，是不是先借用100名工人来我们这里上班，关系不变，同工同酬同福利，如果工人觉得不适应，来去自由，随时可以回工厂。厂长一听，很高兴，说：工厂停产，我也为他们没活干、生活没保障的事犯愁，金龙借用，这是好事啊。事后证明，这办法管用。正是通过借用工人的口碑，将金龙是干什么的，工作环境、工作条件、工作性质是怎样的，企业文化和经营理念是怎样的，收入和待遇是怎样的等亲身感受到的信息,口口相传,使工厂职工对金龙公司有了一个大概的印象,拉近了彼此的距离。

另一件事是工人自发到纺化公司表达心愿。有了口碑相传,又获悉谈判僵持不下,巾被厂工人自发组织起来,两次到纺化公司,表达了巾被厂工人要求由金龙公司来兼并的愿望。

这是人心所向。巾被厂召开职代会,专题审议金龙兼并方案,获得与会代表的全票表决通过。老职工回忆说,"全票表决通过"在巾被厂历届职代会上从来没有过。

兼并流程到了最后环节。1995 年 12 月 8 日,分管商业和工业的两位副市长共同就金龙公司兼并毛巾被单厂的有关问题召开协调会,为兼并一锤定音。21 日,市政府印发协调会议纪要。27 日,政府下文批复,同意金龙公司以承担债务式兼并毛巾被单厂。

一场由企业自愿形成并因政府介入而一锤定音的兼并谈判前后历时 100 天,至此画上句号。

1996 年 1 月 1 日,两家企业终于融为一体。我们拨出第一笔资金,用于买煤,让工厂的食堂开起来,有水喝有饭吃;用于购买包装,将裸露的成品打包入库。拨出第二笔资金,分批报销拖欠已久的职工和退休人员医药费。安排第三笔资金,向全体离退休人员发放了春节慰问金。拿出第四笔资金,将沿工厂围墙而设的露天商品市场做了清理搬迁,清除了路障。这一连串的动作,将工厂的人气调动起来了。

原巾被厂职工被安排分批军训和转岗培训,然后有序安置到各经营及管理岗位。

公司投入 2000 万元对旧厂房实施装修改造,形成批发经营大楼和办公楼,沿街底层开出 6000 平方米的金龙万家福超市,这在当时是杭城乃至浙江省第一家大型仓储式超市。

公司资产规模增长了,经营也上了一个台阶。当年上缴利税增长 27%,销售增加 1 个亿。

"金龙大厦"桩基结束,工程停建,项目做了整体转让。

兼并一年后的一天,《浙江日报》采访我,说起了"上马"兼并巾被厂,"下马”停建“金龙大厦”的事。这“上马下马”充满了惊险，我对记者说：“当时谁不捏着一把汗，都认为代价太大、风险不小，走好了，赢得掌声；走差了，后果不堪设想。”结果，采访见报，记者用的标题就是：“颜阿龙走钢丝——掌声响起来。”

企业兼并的压力大，过程很艰难，兼并后同样也有一个漫长的消化过程，但兼并也给我们带来了发展的后劲。10 年后，我们还清了原巾被厂所欠的银行债务。

2003 年 5 月，我们投资 3000 万元，拆除危房，建起了 8 层(含地下 1 层)总面积 8700 平方米的金龙商务楼。随着条件和资金实力的不断增强，2009 年 2 月，我们又将旧厂房全部推倒，投资近 3 个亿建起了高 22 层(含地下 3 层)总面积 5.4 万余平方米的“金龙财富中心”大楼。这两座大楼的相继崛起，标志着企业转型进入了一个新的阶段。

尝到资本经营甜头后，1999 年，我们还收购了当时属全省第二大超市公司的浙江兴合超市公司，使金龙连锁的实力进一步扩大和增强。

四、现代企业制度建设需要务实和担当精神

建设现代企业制度的工作，我们起步早、动作快。金龙自觉改革、把自己逼入市场经济大海的一连串举措，释放出强烈的呼唤改革、投身改革信号。1994 年 5 月，杭州市政府将我们确定为全市产权改革的试点单位；同年 10 月，杭州市委、市政府公布了全市首批建立现代企业制度的 17 家试点单位，我们被列入其中。

作为试点企业，我们没有现成模式可以照搬照抄。金龙公司的“务实创新”精神，就是这个时候提炼概括出来的。我经常告诫干部、员工，改革的政策要求要与企业实际相结合，拿过来为“我”所用，为企业发展所用，既要“务实”又要“创新”。

按照试点最初设想，第一步是产权改革，建立公司制企业；第二步是建立规范机制；第三步是组建企业集团。

这个设想,现实中遇到两个问题。一个是公司资产质量差,特别是历年沉淀包袱、职工福利欠账以及非经营性资产剥离等,如何界定确认,如何处理?当时有关方面的观点意见还不统一。加上1995年下半年起,“金龙大厦”项目转让开始启动,企业兼并正在洽谈,存在一系列不确定因素。另一个是政府试点方案出台了,但相关具有可操作性的具体政策细则没有。也就是说,试点企业碰到什么问题都要逐个向职能部门申请,协商解决。这就决定了金龙的产权改革需要有一个过程。

于是,我们根据企业内外实际情况,创造条件逐步推进现代企业制度建设的试点。

1995年初,经市政府批准,我们组建了金龙公司为核心的杭州金龙集团。5月,金龙集团投入运行。

这期间,为应对外资商业的竞争,上级酝酿系统部分企业重组事项,涉及金龙公司。我们研究分析认为,金龙公司的改革发展正在有序推进中,企业兼并后的各项后续工作也在积极落实消化中,尤其是不能让近1500名员工面临“下岗”、1300名离退休人员利益受到影响。事关企业和员工利益的大局,关系到企业稳定的大局。因此,从实事求是和“三个有利于”出发,向上级提出了我们的意见:金龙公司不参与重组,而是继续按照现代企业制度建设的试点要求,走“自主经营,自负盈亏,自我约束,自我发展”的路子。我们的意见,最终得到了上级的理解。

1999年2月,杭州市政府批文,同意金龙公司整体改制。

1999年6月,“杭州金龙集团有限公司”正式挂牌运行。依照公司法和章程的规定,设立并选举产生了公司的法人治理结构。

企业改制后,我和班子的同志,肩上的责任和担子更重了,风险和压力更大了,但我们都清楚,这是我们的责任使命所在。如何把一个传统的国有企业转变为符合现代企业制度原则、适应市场经济发展要求的混合所有制企业,如何将传统经营业态转型为与市场竞争相匹配、充满生命力的现代业态,实现商业模式的再造和可持续发展,这条探索之路还很长,这项工作还远没有画上句号。

我坚信:路虽远行将至,事再难做必成。

开创家政服务新行业——杭州三替集团

陶晓莺（杭州三替集团董事长、总经理）：

买菜做饭、打扫卫生、疏通管道、维修家电、搬家……就是这些小得不能再小的事情，三替将它们做成了全国第一。

替您排忧，替您解难，替您受累。

就这么简单的理念，三替创立了一个品牌。

浙江省政府与香港特区政府在杭举办的“杭港现代服务业品牌论坛”中，把三替作为杭州成功的现代服务品牌加以介绍。

国家发改委现代服务业调查组到杭州调研时专程走访了三替集团，要求把三替的成功模式向全国推广。

国家商务部副部长姜增伟带队考察三替后，要求三替制定行业标准，把三替模式推向全国。

三替创立了一个新行业——家政服务。

一、艰苦创业阶段（1992—2002年）

（一）三替艰难的起步

20世纪90年代，经济体制改革的春风吹遍大江南北，无数民营企业在阳光雨露沐浴下茁壮成长。年轻的我内心涌动一个渴望：挖掘自身潜能，实现人生价值。突然有一天正好在《新民晚报》上看到一篇谈论在发达国家随着经济的不断增长，人们对服务业的需求也将不断增加的报道，所以决定投身服务业。公司前身西湖区三替综合服务部，杭州城内第一家提供家政服务的公司成立了。

在成立西湖区三替综合服务部前，我是杭州市江城文化宫的工会主席，是单位里面最年轻的共产党员，那会儿 20 多岁，漂亮、能干，是组织的重点培养对象。也就在那时，我却做出了一个令亲人朋友都惊讶的决定：辞去安稳体面、让人羡慕的工作，在文一路 11 路公交车的翠苑总站，租用了一间 10 多个平方米的旧房子，注册成立了“西湖区三替综合服务部”。两张桌子、两个电话，10 多个平方米的办公场地，公司就算开张了。

1992 年，家政服务在国内才刚刚起步，当时人们还没有“花钱买服务”的概念。起初我们所有人坐在那里，电话根本不会响，因为就像当年没有人会去花钱买鲜花送人一样，宁可买水果也不会买花送人花这冤枉钱。提起那段艰苦而又难忘的日子我感慨依旧。记得有一次，好不容易接到一位男性客户的电话，让三替给他家换一瓶煤气，当我的员工兴冲冲地赶到那户人家时，女主人却说什么也不让进门，说花 5 元钱代换煤气，还不如买半只烤鸡，我才不花那冤枉钱。就这样，一年下来，对于“三替”来说，它的结果注定是亏损。无奈之下，曾经的合作朋友也都相继离开。

执着的我始终坚信家政市场的前景一定会是光明的。为了让公司存活下来，“三替”接过无数不赚钱的活。因为企业的成长是需要沉淀的，不赚钱的时候所赚取到的是公司的信誉和形象。

有位客户抱着试试看的心情拿来一个手提箱，说手柄坏了，能不能维修。我经过多方联系，骑着自行车跑了 3 家工厂，终于在杭州城东机场路的一家工厂，如愿找到了愿意帮我维修手提箱柄的师傅，最终好不容易重做了一个手柄，才使这个手提箱得到了修复，能正常使用。当时买一个手提箱相当于一个普通员工 1 个月的工资，所以当时这也是一件很重要的事情。但是，经过这么千辛万苦的努力，最后公司只收取了 20 元加工费。现在想来，这 20 元连跑路费都不够。但我始终认为，像这样的业务虽然赚不到钱，但我们却赚到了信誉。这一点直到现在都是三替员工始终牢记的一个信条。

(二)市场开拓

改革开放的嘹亮号角吹响,各行各业的发展如春潮涌动,生机勃发,但家政服务仍然是一个尚未发展的新兴市场。那个年代,对大多数市民来说,花钱买服务是一件特别新潮的事儿。

到1993年,公司开始涉足家电维修和搬家业务,但由于缺乏经验,一年下来,承接的业务量很少,到年底,一起创业的伙伴都走光了。没有退路的我却选择了向着目标勇往直前。我及时转变了经营思路,调整服务格局,增添服务种类,提高服务水平,咬着牙艰难前进。终于随着家政服务业社会认知度和消费水平的提高,公司走出了困境,开始扭亏为盈。经过1年多的苦心经营,随着老百姓消费水平的不断提高,服务需求的不断增长,"三替"的品牌也渐渐地响了起来。

为下岗、失土、失业人员搭建再就业的平台。

1994年的冬天,天河西苑的一位妇女怀里抱着一个孩子到"三替"来找工作。她上有年迈多病的双亲,下有上幼儿园的孩子,丈夫离异,自己下岗,生活中见不到一丝阳光。我深深地被她的遭遇所打动,马上对她进行了安慰和开导,虽然那时三替公司的日子并不宽裕,此时正值春节临近,我还是让公司管理人员叫了一辆人力三轮车(当时文一西路还没有开通公交车)给这位下岗失业女工送去了300元钱,后来还为她找到了一份适合她的工作。也是在这之后,我做出一个决定,给下岗、失业人员介绍工作一律免费。专门开设了一门"800"免费电话,利用公司的资源和优势,为下岗、失土、失业人员搭建一个重新就业的平台,20多年来,共有5万余人通过三替这一平台重新走上了工作岗位。

杭州电缆厂下岗女工韩美华经三替公司介绍做了钟点工,她不怕脏和累,凭一双勤劳的手为几户人家做钟点劳动,最后影响其做司机的丈夫也与她一起从事钟点服务,月收入直线上升,被公司评为"明星钟点工",还被省妇联邀请作为钟点工代表到各地巡回演讲。又如,从杭州轴瓦厂下岗的女工林桂珍进入三替公司后,经过三替公司帮助,重新扬起生活的风帆,被杭州市总工会评为"十佳家政服务员"。

1997年开始，杭州安琪儿置业股份有限公司这家曾经谱写过自行车辉煌的企业进入了产业结构全面调整阶段。夏美琴所在的自行车一分公司员工的下岗也同样在所难免。当夏美琴看到昔日一起欢声笑语，一起同进同出车间的师傅、姐妹一批批下岗离去时，心里除了依恋外，还平添了更多的不安，她时时感到下岗的可怕。她17岁进厂，20年来一直干的是冲工，专用设备的操作工，没有技术，文化不高，又不善于交际。那些日子她每月的收入只有400来块钱，有1个月还不到200元。为此，她还利用车间经常停工，偷偷地摆过地摊卖过裤子、灯笼、年画挂历等。一次赚了30元，她与儿子就喜出望外。星期天还干过家政清洁工。她深深感到外面的钱不好赚。她酸楚地告诉我：那时爱人收入也较低，还要负担儿子读书，所以，那时我最怕下岗。下岗我能干什么？没了收入怎么办？尽管收入不高，但她仍想保住这份工作，为此，她更加努力。可是2000年5月某一天，夏美琴最害怕、最难忘的日子还是降临了。当得知车间主任找她时，夏美琴在去主任办公室的路上腿都发软了，心里更是忐忑不安。主任真的通知她下岗了，此时，她的心几乎要碎了。那天，她第一个念头是想去离厂不远，好久没去的妈妈家。见到妈妈的第一句话："妈，我下岗了。"话音未落，夏美琴禁不住泪水夺眶而出，号啕大哭起来，"下岗我能干什么？没了收入怎么办？"妈妈看着女儿如此伤心，想不到女儿年纪轻轻的就没了工作，眼泪也模糊了双眼。

不久，夏美琴找到了我，我给她提供了一份家政钟点工的工作。为了珍惜这份家政钟点工工作，夏美琴不知付出了多少心血、承受了多少委屈，甚至流过了多少泪水。说起曾经遭遇的白眼，她有一肚子的苦水。且不说相熟小姐妹的奚落："这是农民干的活儿，去超市当营业员都比这强得多。"光是形形色色雇主的猜疑、刁难、刻薄的语言就让人落泪。"有的雇主用那双不信任的眼一直盯着你，连打扫厕所也不放过跟梢，深怕你拿了他家的东西。有的还故意将10元钞票折成细条，丢在沙发缝里，试探你是不是还给他。一次，不小心把女雇主的拖鞋弄湿了，甚至我的头发碰到她的洗脚巾，都招来不绝的指责和刻薄声。""我的沙发好几万，弄坏了你赔不起的！"像这些话夏美琴不知听了多少句。为了生存，为了公司的声誉，她只有默默忍耐，只有连声的"对不起！""你放心！"

遇到新校舍或单位的清洁工作，夏美琴和班组的同事更是通宵达旦地赶任务。夏美琴不管刮风下雨、路途遥远甚或身体不适，只要有任务她都坚持出色完成，起初几年甚至360天没有休息。哪怕照顾不到儿子，哪怕再苦再累，为了改变生活，她含泪忍屈坚持了下来。

经过公司不断培训和打造，夏美琴不断钻研业务，以自己的心灵手巧、真心诚恳的品格和优质服务博得所有与她接触过的顾客信赖，老客户几乎都点名要她服务。

“我不要换人！我就要夏美琴!”这是一位得病老太太在得知夏美琴要换别人来护理她时给儿子打电话说的。夏美琴怀着护理妈妈的心为老人细心洗理、耐心帮她大小便，按时吃药，读报聊天、去社区公园散步……当夏美琴提出想回一趟家，照顾正在准备中考的儿子时，遭到了老太太的拒绝。她感到难过，却又感到欣慰。

“她不是你妈妈?”这是当一位孩子的妈妈来医院接儿子出院时，病区许多病人及家属发出的惊讶问话，他们才知道护理这位12岁孩子多天的夏美琴不是这孩子的妈妈。孩子的父母是媒体工作者，每天工作到深夜，他们要求三替公司派最好的护理工。孩子是阑尾炎手术后，又第二次手术住院。正值热天，夏美琴每天给卧床的孩子洗头、洗脚、擦身，助他方便，还买了水果，到外面炒些孩子喜欢的菜，亲切的聊天……像对儿子一样无微不至地护理。出院时，孩子抱着夏美琴久久不愿离开，这场景让孩子的妈妈和许多病人及家属为之感动。当即许多人要求夏美琴留下电话或为他们护理时，夏美琴都婉言谢绝，请他们找“三替”。

夏美琴在“三替”公司的十几年里，公司接到表扬她的电话数百次，感谢信数十封，锦旗数面。她还自创了“礼貌、交流、应对、忍耐、护理、清洁”等一套工作方法，现在的她成为三替的保洁指导师，为公司带出了一大批优秀的家政服务员。如今她已成为“全国优秀家政服务员”“全国商业服务明星”和“全国五一劳动奖章获得者”等。在三替公司，有父亲、儿子、大小女儿及女婿、姑子等5户家庭9个人下岗后纷纷来到三替公司工作的例子，更有无数个夫妻同时下岗来三替就业的事例……

(三)三替就是一个大家庭

像家政这一类企业干活凭的是力气，流动性相对比较大，但三替的员工队伍一直比较稳定，没有很大的流动性。20多年来，共有5万余人通过三替这一平台重新走上了工作岗位。三替就像一个大家庭，每逢公司员工要结婚了，我都会要求公司管理层替他们安排合理的假期，尽量使他们有充裕的时间做准备，甜甜蜜蜜办喜事，高高兴兴来上班。员工的生日，公司当天都会送去生日蛋糕。每当员工的家人有重病或办丧事等，公司都会根据具体情况给予补助。

公司有位员工结婚多年不怀孕，整天闷闷不乐。我了解情况后，帮助联系并亲自带着她去专科医院治疗，看病的钱也是由我出的，后来终于抱上了小宝宝，现在孩子都已经上初中了。

公司还有很多细小的事情，有一次，一个50多岁从别的企业下岗来到三替工作的员工，生日那天当公司按规定给他送上生日蛋糕时，这位员工流着眼泪说："我都活这么大了，还从来没有人给我送过生日蛋糕，我自己也从来没有给自己买过生日蛋糕，真是万分感谢公司的这份情谊和关爱啊……"

1998年的时候，一名之前在杭州大厦做化妆品销售的时尚女孩来应聘做接线员。我怕她和那些干粗活的员工相处不好，就提前和那女孩说，你每天所面对的员工可能因工作原因一天工作下来衣服都比较脏，有的身上也可能还会由于出汗等原因出现异味，你不能嫌弃他们，你要和他们协调好工作关系。公司是通过你和他们共同的努力才把钱赚回来的，你和他们只是分工不同。

后来，那个女孩一直都做得很好，而且是至今大家都一致公认在调度岗位上做得最好的一个。

杭州市政府大楼的保洁工作是由三替来做的。我和市政府工作的保洁员说："你们与市委书记和市长等工作人员一样都在市政府工作，只是分工不同，但都是在为杭州的发展做贡献、添砖加瓦，所以你们一定要把保洁工作做到最好，这也是在体现你们的价值。"

三替的家政人员都必须经过专业培训，如"服务100忌"中就有不该听的不听，不该问的不问，不该看的不看，不该说的不说……服务业也是一种产品，如果产品不好，客户就不满意。高端客户要请的人就是要有综合素养，和他家庭情况相对应的家政人员，不是说你的长相如何，而是举止以及综合素养都要得体。

在2000年，为了把分布在不同区域的子公司连接起来，三替自主开发了"三替管理信息系统"和"呼叫中心系统"，通过互联网把各子公司分布在各地的业务流程、运营状况、财务情况等都能在第一时间进行掌握，让分散的服务体系成为一张严密的运营网络。公司就已经形成了一整套比较严格的服务管理制度和工作流程，无论服务接待、电脑登记、岗前培训、洽谈签约、分配安排、岗中培训、回访评估、提高指导以及职业道德、顾客意识、就业理念等，都有着符合实际操作的标准规范，保证了公司的规范化管理、标准化服务的质量。三替在管理手段上更是不断向现代化前进。这在全国也是绝无仅有的。

我国的家政业起步较晚。很多人对这个行业的理解仍仅仅停留在找个人来做家务上。而现在很多从事这一行业的人自己也不了解该怎样去做才能把它做好。有的只是凭着自己以前在家干家务活的经验来工作。他们没有规范可遵循，因此往往会出现很多矛盾。

为了提高家政从业人员的素质，公司于2002年专门成立了三替职业技能培训学校，学校开设职业道德、法律常识、服务理论、服务技能，如空调修理、水电、家电维修、花木园艺、物业管理、家政服务、保姆、管家等培训项目，员工从中可以学习更多的技能，使三替服务的领先不单是在理念上、文化上，而更多地体现在技术上，为的就是对全员能够进行更好的、系统化的、持续的培训和打造。

家政行业，是微利而辛苦的，公益大于效益，是几近慈善的行业。2002年，三替职业技能培训学校的成立是为了提高家政从业者的职业素养，集团从浙江大学、树人大学、五洲大酒店等单位引进了博士、硕士、工程师等专职教师，为学员开设家政、月嫂、空调维修、物业管理、水电工等专业技能训练，使三替服务的领先不单是理念上、文化上的，更体现在技术上。三替职业技能培训学校也是浙江省唯一一所具备家政培训资质的学校，现已成为集团公司的培训教育基地，还被指定为浙江省妇联、浙江省科技局、浙江省总工会、全国家协等单位的指定培训基地。我始终认为，企业文化，就是员工身上所体现出来的东西，是企业的服务理念在多年的实践中自然而然形成的，所以培训很重要。

那时候"110"也专门在《钱江晚报》第1版上刊登了说明："生活中遇到的一些事情，不用拨打110，可以直接拨打三替公司的服务热线。"就是靠着这些点点滴滴，才使"三替"这一著名品牌的形象渐渐在老百姓心目中树立了起来。在当时，社会上还广为流传着"吃饭张生记，搬家找三替"……

(四)诚信铸就品牌

一个企业能得到一个城市上百万人的喜欢和信赖是很难的，三替却做到了。三替的服务理念已经深入员工的内心。几年前，在一次搬家过程中，突然下起了狂风暴雨，我们员工马上拿出了专业雨布遮盖车上的货物，因为狂风实在太大，当时已无法固定雨布，员工便义无反顾地趴在了雨布上，用人的身体来固定雨布不被狂风暴雨吹走。事后，当客户专门来电表扬我们的员工时，我才知道我们的员工对企业的热爱已经融入到每一次的服务中了……

有一次，有位钟点工服务结束后，收完工钱，当时也没仔细看，回到公司一看才发现多了一张100元，因为是两张新的100元粘在了一起，当时家政公司是在松木场，员工二话没说冒着酷暑来回又花1个多小时把钱送到了采荷小区的客户手里。这样的事情在我们公司还有很多很多，这就是我们三替的员工。

很多年前，东方苑别墅的业主委员会委托我们经营管理东方苑别墅区，业委会主任说他们很相信我们，一定要叫我去一下。我去了以后就对他们说，客户一般是不会100%满意的。但是，我们能够做到让客户100%的满意，我们可以让一个不满意的客户通过我们的努力来实现100%的满意，这是我第一次在公共场合说这样的话。

有些事情，让客户满意也并不是太难，贵在沟通。比方说，当我们在服务过程中由于管道构造原因，在疏通的时候将管道打破了，此时客户肯定不高兴。但我们就会和客户进行沟通,告诉客户打破管道不是我们的本意,我们可以免费给你修好,最终我们仍只收你管道疏通的费用,最后客户都会感到非常满意。又比如,有时候我们在给客户搬家时,可能会由于种种原因而迟到,通常客户自然会很不满意,他们并不知道在搬家过程中会有不可预见的事情发生,如汽车开不到门口,东西不能从楼梯上正常搬运,需要从阳台里吊上去及路上堵车,等等。一般通常我们都会这样处理:我们会和客户进行耐心的解释,搬家也是一件愉快的事情,感谢您让我们为您提供搬家服务,我们也并不想迟到,一般都可能是由于前面一家一车变成两车了(由于家里东西多,一车装不下),或者因家门口的马路在修建而开不到门口,又或者会遇上路上严重堵车,等等。但是无论哪种原因的迟到,对于我们来说都是一样要搬的,不是迟到了就可以少搬的,我们首先会向客户表示歉意,我们都会采取适当的方式给予客户一定的补偿,以此向客户表示一下我们的心意和歉意。所以,客户自然也就理解了。事情也就变得简单了。

在工作中,让客户满意、员工快乐,这就是三替公司的企业文化。

在"非典"时期,公司接到一位家住保俶路的客户的电话,客户说现在没有人送水,没有人安装宽带……公司立即派师傅上门为客户服务。这位客户非常感动,他说真是有苦难找三替,找三替找放心啊……

又如,有一家住稻香园的客户打来电话,当时已是晚上9点多了,电话里的老人已急得语无伦次,边哭边说,我家下水道堵了,家里就我一个人,我都不知道该怎么办才好,看到下水道不是太畅通,我就在路上随便叫了个疏通工来,哪知从下午到现在问题不但没解决,家里反而是污物横流、水漫金山了,我们这幢房子都是刚装修好的,如果水漏到下面住户家里,那可怎么得了……接到客户的电话,公司马上派疏通部员工童向东火速前往。他到客户家后,一边安慰瘫软在地上的老人,一边迅速堵截不断上冒的污水,然后检查问题,观察管道走向,并以娴熟的技术操作所带去的机械设备,经过不断的努力,终于解除了老人家的心头大患,使她脸上的愁容转换成了笑容,管道疏通师傅考虑到家里只有老人一人在家,半夜三更,一时半会儿也叫不到人收拾残局,考虑到如不将污水及时处理掉,刚装修好的房子会遭到严重损失,还会殃及下面的住户,他们二话没说,帮老人打扫起了卫生,不怕累不怕脏，这一做就是几个小时，等师傅们返回公司时已是深夜12点多了，同时他们并没有收取清洁卫生的费用。事后，老人特地来到三替公司，一定要把她家所发生的事情亲自告诉经理，并深情地说，一定要当面来谢谢你们，你们有这么好的师傅，真的是万分感谢，否则我真不知道该怎么收场，以后有困难我还要找你们三替……

童向东来自浙江省兰溪市孟湖乡溪童村一个贫寒的家庭，自幼失去了母亲。1993年，参加了工作，那年他18岁，现在他已经39岁了，在三替集团，他拥有了人生第一份工作，经历了结婚、生子、买房，经过三替多年的培养，他被评为"杭州市商贸特色品牌个人"；光荣地加入了中国共产党，成为三替疏通部一名骨干。工作中，他憨厚、朴实、认真负责。他一方面积极向老前辈虚心请教，一方面利用休息间隙对杭州的街道、小区等的地址位置加以了解，一个外地人，将自己的满腔热情投入忘我的工作中，得到了领导和同事们的高度评价。现在的童向东早已是新杭州人，在杭州安家落户，小孩在杭州读书，老婆也在杭州上班，一家人其乐融融。"一个人可以没有文凭，但绝不可以没有技术"，这是他十分坚信的一句话。为此，他几乎把所有的业余时间都用在了钻研技术上，努力将自己的工作做精、干好。经常早晨6点出发，晚上都是七八点才到家。

童向东的钻劲不仅表现在技术革新上，还表现在实际工作中认真总结经验。如今，他练就了一身硬功夫：只要听听户主的简单介绍，将机器通进管子里，就大体知道问题出在什么地方。干一行，钻一行。疏通部的管道师傅有句口头禅："能吃药不打针，能打针不开刀。"疏通部已经有多位师傅被杭州市政府授予了"管道专家"的殊荣。

有一客户因家中下水道被堵而急匆匆来到房管所请求帮忙。原来，这位客户家里的下水道因为种种原因10年没有疏通了，找了几个疏通工，要么人家嫌活太脏，要么觉得技术不过关都没有承揽，万般无奈之下，于师傅找到了三替。童向东听说情况后，二话没说就和两个同事来到于先生家开始工作，天气寒冷，加之下水道刺鼻的屎、尿、洗衣粉等味道混合在一起，熏得人抬不起头，但是他没有任何抱怨，率先开始工作。机器处理不了的地方，他就把手探进去清理。清理过程中，污水不时地喷到脸上、身上，但是这些都没能阻挡童向东的工作。最后，童向东凭着过硬的技术和顽强的毅力，终于将管道疏通了。当时，客户激动地说："我儿子10岁，这个下水道就整整10年没有疏通过，今天，你们可是了去了我一块心病！"

骑自行车的疏通工，同事们经常这样叫着他，骑自行车每天的公里数多达150公里，每年骑自行车总公里数5万公里，很多人不解，几十斤疏通机器，其他员工都是电动车，机器直接放在车子上，为什么他要那么累自己骑车呢？在聊天中得知，他骑自行车的速度比骑电动车还快。其次，由于他每天跑的地方太多，如果是两个48伏的电瓶根本就不够用，如果在路边快速充电又太浪费时间。

几十年来，他一直都是骑着自行车穿梭在杭州的大街小巷，他住在三墩，我们公司的地址是紫荆花路108号，在城西的，有的时候，五堡的单子，龙坞的单子，九溪转塘的单子，他总是骑自行车去疏通，经常是城东到城北，城北到城南去为每一个客户服务。在工作过程中，管道通常也有难易程度，有些碰到难弄的管道通了好几个小时都不能通好，他会跟客户说：我等一下再过来疏通。他先去把比较急的单子通好，再去咨询老员工，仔细分析管子的结构，然后再来客户家疏通。就是因为他的执着以及坚持，所以很多别人通不好的管子，他都能通好；别人做不了的，他都能做。他铭记着：简单的事情重复做，你就是专家；重复的事情用心做，你就是赢家。

吴宝胜，1990年从杭州友谊电冰箱厂下岗，加入三替公司从事空调维修工作，一条毛巾、一杯水、一板藿香正气水、一个近百斤的工具箱……这就是空调工的全部家当。

一个特殊的电话，大年三十，大家都已经休息了，一家人应该都在准备看春节联欢晚会了，而我们三替的服务人员，还在客户家工作。还记得有一年的大年三十，大家的印象都非常深刻，客户18:30左右打进热线，说家里的糖尿病患者需要打胰岛素，胰岛素放在冰箱里，但是冰箱坏了，已经找了很多地方，都没有人愿意来修，加钱也不愿意来修，所以打热线请三替一定派一个师傅来修，哪怕加点钱都没有关系，他这个药是用来救命的。吴宝胜接到单子，只能跟家人说抱歉，马上穿好工作服，拿好工具，赶到客户家大概19:00，及时将客户的冰箱修好了，使客户的药得以保存，客户感激的话无以言表，于是拿出300元以表示感谢。吴宝胜跟客户说："这是我们应该做的，也是我们三替每一位员工应该做的，你付维修费用就可以了，不需要其他的费用。"客户说就当这个是给你过年的红包，不要交给公司的，我也不会说出去的，你就收下吧！吴宝胜婉转地谢绝了："公司都是有规定的，这都是我们应该做的。"

"只要人人都奉献出一点爱，我们的世界将变得更加美好。"

三替集团对孤寡老人、特困户和重残家庭一律实行免费服务，为下岗失业、失土农民及外来务工人员免费培训并帮助其再就业。三替始终不能忘记自己肩负的社会责任，经营者在追求经济效益的同时更不能忘记追求社会效益。

在吴宝胜带领的班组下，空调班组也是这样去服务好每一位客户的。

"阿婆，这些钱你留着，我不能收。"空调维修工、党员吴宝胜在古荡小区为一户居民清洗空调过滤网时，发现居民家较困难，还有一个身患残疾的儿子，于是无论如何都不肯收钱。看到客户家院子的大树影响采光，便从公司搬来梯子帮助其免费剪枝；发现客户家里的电线老化，又主动帮助其免费布线……

这都是三替人身上的一言一行。

2009年，杭州市委、市政府为了应对金融危机专门开办了杭州市名特优星光大卖场。4月，市政府专门就星光大卖场进行整体装修设计方案的招标，三家设计单位到了6月给市政府看的方案还仅仅是效果图，并不是设计图更不是施工图。当时，杭州市政府希望能够尽快开张，就找到了三替。希望三替能在10天内将整个场馆还是水泥地、水泥顶，没有一个电灯的、建筑面积1.5万平方米的星光大卖场装修完毕。三替人以大无畏的精神，集中了三替装饰、三替网络技术、三替家政、三替搬家、三替物业管理、三替广告传媒、三替园林等各分公司的员工，日夜苦干，终于提前一天顺利地完成了这一任务，将整个星光大卖场装饰成了一个亮丽的百货公司，同时还开通了银行POS系统、环绕音响、监控系统等。在这10天内，三替还组建了一支100多人的经营管理团队，对星光大卖场进行专业化经营管理。开幕式上，杭州市领导说："真是星光速度，三替精神啊。"杭州市政府还就这一项民心工程专门开了表彰大会,给三替颁了奖,给我也颁了奖。

有一次在沈半路搬家时,突然听到河边有人喊救命,两名员工立即拼命地向河边跑去。当时,他们不顾冬天河水的寒冷,义无反顾地跳入河中去救人。当落水者被救起后,家属掏出200元钱向他们表示感谢时,被他们拒绝了。当家属看他们不收钱时,又去买了两条烟来对他们表示感谢,也被他们谢绝了。事发当天,公司接到了客户打来的感谢电话。随后,公司就做出了决定,第二天召开搬家公司表彰大会,对救人的两名员工分别给予500元的奖励,并对其中一名因救人而导致手机进水不能再使用的员工,专门买了一部新手机给他作为奖励。公司多年来,始终坚持对好人好事给予特别的表彰和宣传,以激励和弘扬良好的社会风尚。其实,员工在奋不顾身救人的刹那,根本不知道公司会为他们包红包和买新手机。《钱江晚报》也专门就这一见义勇为事迹以"请为这样的背影喝彩"作标题,进行了通篇报道。

十几年前,《杭商》杂志一位女记者租住在古荡的一幢旧公房里。那次卫生间管道堵塞,买了各种疏通工具,都没有任何作用。连续几天,怎么也通不了。卫生间无法正常使用,臭气飘满了整个楼道。真是令人焦灼不安,却找不到解决的办法。她愁眉苦脸地在办公室发呆,同事听说后,就告诉她:"在翠苑那里,有个新成立的三替公司,可以专门替人上门疏通管道,你可以打电话叫他们来试试啊。"

她抱着试试看的心态,拨通了那个电话。电话那头很爽快地说:"你什么时间有空,我们都可以根据您的时间来为您服务……"当时她就说:"那现在我就在家,你们可以过来。"过了10多分钟,工人就来了。疏通工进了卫生间,5分钟后,通了!

她说:"那一刻,我高兴得真想哭。这实在是一件小事,可对于我来说,这实在是一件难事,太难太难了!"

她说:"疏通的工钱好像是20元,记不清了。只记得想多给工人10元钱的,那个师傅很坚决地说不要。并说,公司有规定的,疏通一次该多少就多少,不能多收客户任何费用的。我就是从那个时候了解三替的,而且,我一直充当三替的义务宣传员。其实三替的成功,最重要的一点就是老客户都成了三替的义务广告宣传员。"

二、多元化战略发展阶段(2002—2012年)

(一)多元化服务发展为企业集团

进入21世纪以后,随着老百姓的收入水平和消费能力持续提升,家政业也迎来了蓬勃发展的春天。在这一大背景下,三替不断推进创新,业务领域一再拓展,公司进入了快速发展阶段。

在这一时期,三替的传统优势项目业务持续做大、影响力和口碑也越来越好。三替在杭州做的最大最好的特色服务有管道疏通,已超过了市政部门的业务量和设施设备及技术水平,荣获了"杭州市模范集体""全国服务质量信得过班组"称号,管道工程部很早以前就发明了自己的一句名言:"对所有的管道工程能吃药不打针,能打针不开刀。"三替搬家服务是浙江省最大规模的搬家公司,也是浙江省唯一一家一级搬家企业,荣获"杭州市模范集体"称号,是浙江省搬家行业唯一拥有自己专属汽车维修工厂的搬家公司,浙江省的著名单位大搬迁,如浙江省自然博物馆、阿里巴巴、浙江大学及浙江医科大学等的整体搬迁,就认定了只有三替才可以让他们放心。

三替家政服务目前是杭州规模最大、服务质量最好的家政公司(拥有2000多名家政服务人员),荣获"杭州市模范集体""全国家政服务先进单位"称号及"全国首届家政行业职业风采大赛团体优秀奖"。三替物业管理也是杭州市除以自身房地产开发企业为依托的物业公司以外的最大的物业管理公司,现在所管理的物业有杭州市政府、拱墅区政府、拱墅区检察院、拱墅区法院、运河博物馆等物业。三替园林园艺拥有100余亩的园林基地同时还拥有温控大棚,集团自行研发和种植各种花卉和蝴蝶兰等名贵花木,同时它还为三替物业管理公司和三替装饰公司提供配套服务。

2005年,三替购物网的成立使客户可以足不出户就能买到10万种商品,享受商店的价格、送货上门的实惠。三替购物网已连续5次和阿里巴巴一起被杭州市政府授予"杭州市十大电子示范网站"。

2006年,三替广告传媒公司的成立不仅能对外提供各类广告传媒服务,同时还承担了集团内部的策划、设计、营销、市场开拓等工作。

2007年，随着人们生活水平的不断提高，高端家庭对保姆服务提出的新要求，于是集团推出了规范化、专业化及员工化管理的管家服务，金钥匙管家中心的成立。一批批经过培训的管家被高端家庭及外籍家庭预订一空，并因此被中央电视台、新华社及各大媒体纷纷报道。

2008年9月，公司为了满足社会发展的需求，专门开设了3家保姆服务中心。

以往，三替给大家提供的是解决生活困难的服务，而今我们为了更好地提高市民的生活品质，2008年10月三替集团专门投资组建了“浙江生活三六五集团有限公司”，开通了96365呼叫中心和96365.com网站，吸收餐饮美味、家庭服务、旅游住行、便捷购物、休闲娱乐等涉及居民生活便利的10000余家企业加盟，实现了一个电话就可以实现“找订送查”服务和走千家不如走一家的便利。

三替不断引进新设施、设备、新工艺、新材料。三替有一流的维修设施和维修培训器材、有一流的石材保养翻新打蜡抛光晶面处理设备、有一流的布艺清洗设备……正是一流的设备、一流的工艺、一流的材料加上一流的员工和一流的培训管理才会有一流的服务品质。

如果说，原来三替提供的服务都是“便利服务”，那么，打造96365生活服务平台，成立“金钥匙管家服务中心”等则是三替向提供“品质生活服务”的迈进，这也是三替从传统服务向现代化服务的迈进。

96365以“为民便民利民”为宗旨，以“创品质生活，做全程管家”为经营目标，通过网站www.96365.com或呼叫热线96365，全方位为市民提供生活所需的咨询、预订、配送等服务。96365通过上万家加盟商的整合，像花中城大酒店、贝因美、大佳洗衣、长运集团、旅游集散中心、浙江大酒店、杭州大剧院、蒙牛、鲁花、娃哈哈等一大批品牌企业加盟，96365已成为一个强大的诚信服务联盟。

96365从接单到派单、从跟踪服务到回访，实行一站式服务。目前，96365能为市民提供找（家政、搬家、维修等200余项家庭服务）、订（机票、火车票、长途汽车票、酒店、餐位、KTV包厢、专家门诊挂号等预订服务）、送（米、水、饮料、啤酒、鲜花等300多种日常用品服务）、查（便民信息、公共信息、商家信息等信息包打听服务）等服务，并已实现杭州主城区半小时服务圈，力争打造15分钟服务圈。

96365不仅是一个“电话订票、订座中心”，而且还是一个“全市统一送水、米、餐、鲜花等日常用品热线”,更是一个“专业的家政服务平台”。浙江 96365 生活服务平台,是浙江省政府倡导、浙江省经贸委全力支持打造的省级便民生活服务平台,省里的定位是首先在杭州试点,然后向全省推广。

在这一时期,商务部和人力资源和社会保障部、国家发改委、全国妇联等领导纷纷来三替视察,都充分肯定了三替所做的各项工作。曾培炎副总理、国家商务部、国家发改委、全国妇联都希望三替能将整套经营理念和管理模式向全国进行复制。

为了迎接连锁经营的发展,三替成立了“浙江三替家政连锁有限公司”,已建成三替连锁经营体系。这一发展模式,将有助于全国家政行业的发展。

(二)顺应形势发展,受邀到全国发展连锁经营

由于三替的快速发展,国家多个部委和省相关领导都鼓励并大力支持三替立足杭州,走向全国。

2009 年起,三替在各地方政府及商务部门的邀请下,分别在金华、盘锦、长沙等地设立了子公司。这些三替企业,一开张就大受当地社会各界的欢迎,成为当地百姓品质生活的有力保障。当地政府都把三替当作重要的现代服务业项目给予引进,在连锁经营、培训等方面也都给予了大力支持和帮助。

2011 年,三替将在北京、安徽、江苏、辽宁、四川等省(自治区、直辖市)建立 10 余个子公司,使当地人民能享受到全国一流的家政服务。

在建立各省市子公司的前提下,三替正积极思考建立连锁加盟体系。因历年来要求加盟三替的企业和个人已超过 2000 余个,如何让三替的品牌、三替的企业文化和哲学及理论思想体系、三替的经营理念、三替的培训与管理系统等支持更多的个人和企业发展家政事业,是三替正在思考的问题。

(三)家政行业的两个唯一

2011 年 6 月,三替获得国家工商行政管理总局商标局颁布的中国驰名商标的荣誉称号,是家政行业唯一一家获得该荣誉的公司。

2011 年 12 月 20 日,《家政服务基本规范》和《搬家服务规范》国内贸易行业标准经商务部批准发布,并于次年 1 月 1 日实施。这两个中华人民共和国国内贸易行业标准都是由三替起草，首次发布实施的。

家政行业第一品牌。三替搬家服务是浙江省最大规模的搬家公司，也是浙江省唯一一家一级搬家企业，荣获“杭州市模范集体”称号，是浙江省搬家行业唯一拥有自己专属汽车维修工厂的搬家公司，浙江省的著名单位大搬迁如浙江省自然博物馆、阿里巴巴、浙江大学及浙江医科大学等的整体搬迁，就认定了只有三替才可以让他们放心。

三替职业技能培训学校也是浙江省唯一一所具备家政培训资质的学校，现已成为集团公司的培训教育基地，还被指定为浙江省妇联、浙江省科技局、浙江省总工会、全国家协等单位的指定培训基地。公司始终认为，企业文化，就是员工身上所体现出来的东西，是企业的服务理念在多年的实践中自然而然形成的，所以培训很重要。

浙江三替家政连锁有限公司成立后，集团真正开始了面向全国的连锁发展，还作为唯一受国务院家服办邀请的企业，将三替的整套理念、体系和模式复制到了北京。2010 年起，三替在各地政府的邀请下，在全国开出了众多连锁子公司，现在北京、安徽、江苏、辽宁、四川等地建立 50 余个子公司。

三、转型升级：从传统服务转向现代服务（2012 年至今）

（一）转型升级：从传统服务转向现代服务

2012 年是三替集团成立 20 周年，也是具有里程碑意义的一年。集团提出了“好生活、三替造”“品质生活、全程管家”“新征程、新起点”，倾力打造“你好・生活”品牌连锁，以现代服务理念为导向的品牌战略，“爱心＋放心”的品牌价值观，96365 专业高效的家政服务平台、线下线上资源，最终通过“你好”连锁门店品牌的面市，实现了充分高效的整合利用。构筑现代都市生活服务大平台，成为城市品质生活服务商，从传统服务向现代服务转型。

2012 年，三替集团 10 万余平方米总部综合大楼开工建设，它是集办公、教学、培训、服务、仓储、配送等功能于一体的，也是全国家政行业唯一一家自建总部大楼，这在全国也是绝无仅有的。

2012 年，三替集团杭州你好连锁发展有限公司成立。2013 年，三替积极贯彻落实第四次全国对口支援新疆工作会议精神，以服务援疆大局为己任，发挥自身品牌优势、渠道优势和服务优势，主动对接当地政府主管部门和果农、合作社，构建连接两地人民的经贸合作桥梁，取得了重大进展。10 月 1 日，阿克苏市政府与三替正式签约，授权三替集团为浙江省果品总代理。所有杭城市民可以在三替“你好·生活”门店购买到最正宗的阿克苏红枣、核桃、冰糖心等新疆特色果品。

(二)成立第一家家政学院

2013 年 12 月 12 日在中国家政行业是具有里程碑意义的一天，由三替集团和杭州师范大学合作共建的“杭州师范大学三替家政学院”正式成立，这是至今为止中国家政行业唯一的一所家政专属学院，它同时可以颁发国家承认学历的本科及大专文凭。学院还创新办学模式，采取“工学结合、学历教育与技能培训相结合”的“双元制(工读交替)＋双证制(学历＋技能)”培养培训机制，是目前全国唯一的家政行业专门培养家政行业高端经营管理人才和各类专业技术人才的学院。

2014 年 8 月 9 日，由三替集团主办，杭州师范大学三替家政学院承办的“2014 第一届两岸家政业人才培养研讨会”在杭州召开，并签署了关于共同推进两岸家政人才培养合作的“杭州共识”。研讨会邀请了台湾佛光大学、台南应用科技大学、明新科技大学、清福养老院等机构的学者和专家，他们除了介绍各自办学特色等相关情况外，还就三替家政学院的人才培养提出了许多建设性意见。未来学院的发展方向是将它打造成为“中国家政行业的黄埔军校”。

20 多年来，三替始终坚持“替您排忧、替您解难、替您受累”的服务宗旨，以“客户满意”作为唯一的服务标准，以“诚信负责、上门服务、当面议价、标准收费、特殊免费、做不好不收费”为经营方针，同时还以“为员工的成长创造舞台，为客户的品质生活提供服务保障，为社会的和谐发展创造更多的就业机会”作为企业的使命，是三替开创了一个行业并引领了行业的发展。

三替总部大楼的建设、“你好·生活”品牌连锁、三替家政学院、职业技能鉴定中心、浙江三替智慧家政研究院……这一系列的布局，构成了全新的“三替智慧家政发展体系”。这一体系的建立必将引领中国家政行业的发展，同时它将引领三替走向全国，走向世界，走向未来。

三替的愿景是成为“现代都市品质生活服务提供商”。打造中国民生服务第一品牌，成为一家受人尊敬的企业！

互联网上的茶马古道——杭州艺福堂

杭州艺福堂茶业有限公司成立于2008年，取“百年福气，茶艺满堂”之意，其创始人为李晓军，主张做老百姓喝得起的健康茶，引导年轻人喝茶，被《都市快报》誉为“改变千百年来行业规则的创新者”。艺福堂为杭州市首批大学生创业企业，是电子商务领域中一家集生产、销售、科研于一体的现代茶业企业。艺福堂主打西湖龙井，兼营世界各地名优茗茶及花草茶、茶具，是中国茶行业为数不多的年销售额过2亿元的品牌之一，也是全球十佳网商、互联网茶叶领导品牌、杭州市农业龙头企业、杭州市十大产业重点企业。艺福堂虽然是以“淘宝小店”起步的，但并非小富即安，而是从创业之初就有着清晰的战略规划。

一、开辟“网络茶马古道”

时间追溯到2006年，中医药学专业的大学毕业生李晓军，怀揣着实习期间积攒的1200元钱，带着创业激情及复兴中国茶行业的梦想，只身来到有着“茶都”“电子商务之都”“大学生创业之都”之称的杭州。在江干区闸弄口新村租了一间8平方米的房屋，一张简易桌、一台电脑，在淘宝网站上注册了东艺茶业店，开始了自己的淘宝创业生涯……

李晓军，1982年出生在安徽一农户家中，父亲有个卖茶叶的店铺，爷爷是一位走街串巷卖茶的茶农。从小在茶窝窝中长大的他，对茶甚是了解；同时，茶也潜移默化地影响着李晓军。或许就在他接触茶的那一刻开始，一粒茶种子就自然而然地在他心里种下了，慢慢地积蓄着营养，等待破土而出的发芽。李晓军步入大学后，在安徽科技学院中药学专业就读，接触到了祖祖辈辈都不熟悉的东西——互联网。李晓军在接受《茶博览》记者姚佳文的专访时曾讲道："年轻人就是这样，有什么新鲜的东西出来，就会感兴趣，去接触、去玩。"进入21世纪，中国的互联网事业飞速发展，李晓军看好互联网的发展前景。

与传统的茶商比，李晓军更懂电子商务；而与线上的同行比，他更懂茶。李晓军要打破祖辈传统的卖茶方式，在网络上打开一条新的"茶马古道"。"中国是全球喝茶历史最悠久、饮茶人数最多的国家，但中国茶厂的销量和销售额一直无起色，茶叶滞销，老百姓却又都在抱怨茶叶越来越贵，一盒礼品茶动辄成千上万，根本喝不起。"与父亲那一代做传统茶叶批发不同，在李晓军看来，互联网电子商务要做的是减少中间环节，能让消费者以最快速度拿到更优质的产品，获得更好的服务。简要地说，传统的模式路径：茶农把茶叶廉价卖给商贩→每个商贩又把茶叶收好卖到茶叶市场→茶叶市场再卖给茶企→茶企再包装成品牌卖给代理商→代理商一级一级代理再卖到超市→而超市再卖到消费者手上。李晓军清楚地意识到传统茶叶贸易中至少有6个利益环节。"消费者最希望买到物美价廉的茶，为什么不减少中间环节，让买茶更简单、更方便呢?"于是，他斩去了多余的利益链，形成茶农→茶企→消费者的新模式。

梦想就这样开始起航了。"起初家里并不支持，不理解上了四年大学怎么毕业了竟然去搞茶叶，几代人都与茶叶打交道，知道茶叶生意并不好做，家人希望我这个大学生能找个好工作(铁饭碗)。"李晓军在接受姚佳文采访时说道，万事开头难，他创业之初注定是孤独的。一个人管理店铺、进货、拍照、上架、客服、做单、打单、生产、配货、打包、发货，艰苦的环境丝毫没有动摇他的创业梦想。

半年后，在李晓军的努力下，店铺的销售额达到4.2万元，总算在淘宝站稳了脚跟。第二年，随着业务扩大，李晓军呼朋唤友，邀请他的亲戚和大学同学前来帮忙。同时，原先8平方米的地方已经无法满足经营的需要，他又租下了对面20平方米的一间民房，再租下第2间、第3间……一直到第12间。这个时候，李晓军发现，租用民宅已经制约了店铺的发展，他意识到，必须要租用商业用房，必须要公司化运作才能使淘宝店真正地发展为品牌企业。与此同时，李晓军也深感人才缺乏，去人才市场招聘成了唯一的选择。领着自己的团队，李晓军来到杭州人才市场招人。因为没有营业执照，所以没有招聘位，李晓军只好见人就问要不要找工作，被无数次当成骗子，被拒绝了好多次。为此，注册成立公司的想法在他脑中更加坚定。终于，2008年8月8日，伴随着北京奥运会的钟声，艺福堂诞生了。

二、定位年轻人与潮产品

目标市场定位即目标消费者选择，是企业进行市场竞争的核心所在。只有明确了目标市场，企业进行资源配置才具有方向性。艺福堂采取集中性的目标市场选择战略，将目标消费者锁定为以自我消费为主的“80后”“90后”年轻群体，这也是网络消费的主体人群。与目标市场相匹配，艺福堂将产品定位为消费品而非礼品。艺福堂在产品布局方面构筑水平一体化发展模式，茶叶产品线中，不仅有各地传统名茶如西湖龙井、铁观音、安吉白茶、六安瓜片、太平猴魁、黄山毛峰、普洱茶等，而且还有新型“潮”茶，比如具有减肥功效的荷叶茶、具有美容功效的玫瑰茶、夏日激情冰爽主题的鸡尾茶以及口感新颖的花果茶、五谷杂粮茶等代用茶。

艺福堂研发团队的一个重要任务，就是不断根据市场的需求，进行符合年轻人需求的产品创新。以鸡尾茶为例，很多人都会把茶和热饮挂钩，但其实茶也可以抛弃热饮，和夏天激情相拥。比如鸡尾茶，就可以做到既满足茶叶的健康属性，又满足人们在炎炎夏日里的冰饮需求。说到鸡尾茶，相信很多人都没听说过，但一定听说过鸡尾酒。而鸡尾茶与鸡尾酒的概念是相仿的，就是由两种或两种以上的茶拼配而成的一种新茶品；也可以说由一种或一种以上的茶为主料，辅以花草、水果甚至牛奶拼配而成的茶饮料。鸡尾茶既保留了茶的鲜爽、醇厚及营养成分，又以辅料抵去了一些茶的苦涩之味。如果搭配得当，不仅口感好而且颜色亮丽，堪称色、香、味俱全。区别于传统的喝茶方式，鸡尾茶代表着现代人时尚、品位与健康兼具的花样喝茶需求。为了更好地推出“鸡尾茶”概念，更是为了更大程度地引导现代人关注花样喝茶法，艺福堂专门策划了针对夏日饮茶而展开的“越夏越爱鸡尾茶”专题，旨在让人们在夏天到来之际，关注适合这个季节的健康茶饮——鸡尾茶。从了解鸡尾茶到自己动手DIY，最后爱上鸡尾茶并将它作为炎炎夏日的一种必备茶饮。为了更好地教大家DIY鸡尾茶，专题策划小组还专门请来了专业的鸡尾酒调酒师现场调制鸡尾茶，并全程进行视频录制，通过视频手把手教大家如何DIY鸡尾茶，线上线下活动同步开启。专题包含两大主题活动，其中包括在艺福堂官方微博及百度贴吧“艺福堂吧”开启的线上活动“越夏越爱鸡尾茶”（又名秀出你的鸡尾茶）。网友通过观看调酒师调制鸡尾茶的视频，然后自己DIY鸡尾茶，就可以参与到活动中来。线下活动“越夏越爱鸡尾茶”又名“想要喝茶，拿卡路里来换”则将活动放在了充满青春活力的校园中开展。这也是艺福堂首次走进大学校园，与学子们一起体验鸡尾茶的时尚魅力。此外，“越夏越爱鸡尾茶”还将推出给不同搭配的鸡尾茶命名以及鸡尾茶、茶具与运动时尚show等互动话题，为小伙伴们展示不一样的夏日茶饮运动时尚风，同时也将为网友们科普不同茶饮的健康属性。

艺福堂这种传统茶叶和新型茶叶横向并存的水平一体化战略选择，与目标市场定位相呼应，对于提高市场份额非常有利。因为，一方面，传统的中国茶历经数千年，口味基本无变化；另一方面，年轻的网购群体除了追求健康外，更注重时尚、潮流，而年轻女性更注重美容、塑形等功效。所以，艺福堂的产品布局既是对传统茶的发展，又契合了目标市场的潜在需求。

三、商务而非电子的独特思考

艺福堂对电子商务的独特思考是：电子与商务是两回事，电子是为商务服务的。艺福堂认为，让专业的人做专业的事，既然已经有很多流量很大的平台了，自己只需要利用这些平台就可以了。目前艺福堂主要的经营渠道是淘宝网、天猫商城、京东商城、1号店等电子商务网站，线下只在杭州滨江区有一家品牌体验店，更多的是作为品牌形象和企业文化的展示窗口。

艺福堂进入互联网时面临两个挑战：一是网购天生的“缺陷”，消费者不能进行眼见为实的体验式购物；二是在一直以来价格较高的茶行业，如何以实惠的价格取得消费者的信任。基于对自己产品的信心和对消费者的信任，艺福堂在淘宝网上首次提出了“无条件退换”的承诺。

“每3000笔交易里，会有10到20笔交易要求退换。”李晓军发现网购茶叶有两个区别于传统销售的“门槛”：没有“眼见为实”的消费体验，如何让人相信产品真的是物美价廉。琢磨了好几天，他决定出一“险招”，对每位消费者承诺免邮费无理由退货服务。“买我的茶叶，货物送到后可以试泡3杯，若对口感不满，或发现比商场、超市卖得贵，或是其他一切不满意的理由，可申请退货，不仅全额退款，邮费也由卖家承担。"这种"买茶零风险"的规则一出，不仅把握住了消费者的心理，还使大批底气不足的网络茶商在竞争中败走。李晓军坦言，当时已经做好充分的思想准备，开始一阵子亏本买卖。但让人惊讶的是，在做出无条件退换承诺后，每3000笔里面只有1笔退换要求。艺福堂打破网络卖茶不能免费退货的行业潜规则，成为首位在淘宝网承诺无条件免费退换的卖家。艺福堂的"买茶零风险"创新不仅抓住了消费者的心理，还使大批底气不足的网络茶商在竞争中"死去"。如今，无理由退换已经成为网商的一条准入规则。该承诺带来了转化率、销售额、重复购买率的提高。

除此之外，艺福堂还加紧了对注册商标的保护。由于历史的原因，中国传统茶企商标管理意识较差，有品类无品牌，注册商标自我保护的更是少之又少。茶行业中由于商标归属问题引起的争夺战令人扼腕，武夷山市正山堂茶业关于高端红茶金骏眉的商标归属权的麻烦就是一个典型例子。对于艺福堂来讲，商标是其最初考虑到的问题。而且，在注册茶行业"艺福堂"商标时，公司还进行了防御性注册，将涵盖所有商品门类的45类商标均进行了注册，并在世界25个主要茶叶消费国注册了该商标。艺福堂的商标注册之举令很多传统企业不解，很多人认为，既然不可能做，为什么要注册这么多商标？但是现代化的市场竞争和世界500强的案例表明，拥有强烈的品牌保护意识是必要的，也是有远见的。

四、健康至味的产品质量体验

除了做好营销模式，李晓军同样看重产品品质。与很多网商注重前端的营销传播不一样，艺福堂并没有过多把资金砸向营销推广，而是将利润大部分用于建设厂房、上生产线、购置进口喷码机等先进生产设备，成为第一家拥有生产线并通过QS质量认证的茶叶网商。2009年一项国家新规在茶叶行业施行，任何在商场、超市销售的茶叶，都要经过QS(质量安全)认证，必须拥有符合国家标准的生产线，每道工序都要通过检验。此时，网络售卖的茶叶尚没有执行此项新规。一般人对电商企业的印象是几台电脑、几个客服，再加几个堆放货物的仓库。李晓军再一次判断了行业前行的方向：质量安全生产是大势所趋，晚动不如早动，早动早受益。于是，他租下一层楼的厂房，18万元一年的房租几乎是公司全年纯利的一半，再加上一条生产线，9万元一台的喷码机,李晓军又成了两手空空的穷人。他获得的回报是:成为第一个拥有生产线,并通过安全认证的茶叶网商。艺福堂在浙江、安徽、福建、云南等地建立了茶叶原产地加工厂,在杭州有现代化的茶叶生产流水线、大型茶叶冷库及设计世界一流的成品库。

从茶农到消费者手中,艺福堂要进行如下程序的严格把控:收购前,由研发质检中心国家级评茶师对口感、外形等进行去劣存优;茶叶正式进入艺福堂的标准化生产车间进行无菌清洁化生产,即筛分、拼配、分级、包装;又在国家标准的基础上,增加了对茶叶的微生物检测环节,即用微生物实验室的精密仪器,对茶叶进行由表及里的检测;出厂前对包装好的茶叶进行净含量、茶叶等级以及水分含量等做最后的检验;将产品送往具有公信力的专业茶叶检测机构进行第三方检验。

姚佳文用"5+1健康至味体验"形容艺福堂的质量保障体系。艺福堂基地从优、洁、严、精、信5道检测出发,用科技守护健康。基地是指艺福堂西湖龙井茶在西湖龙井主产区之一的龙坞基地,该基地自然生态良好,茶叶健康天然,品质佳。"优"指艺福堂西湖龙井的第一道检测,即原料检测,采购前,研发中心国家级评茶师对口感、外形等均要进行审评,对品质做初步检测,去劣存优。"洁"指过程检测,艺福堂西湖龙井生产过程均实行无菌清洁化生产,工厂以GMP标准建立,茶叶始终不落地,避免茶叶生产过程的二次污染。"严"为成品检验,研发中心人员利用微生物实验室的精密仪器和高水准的茶叶评鉴能力,对茶叶由表及里进行检测审评,用远高于国家的标准要求严格把关。"精"为出厂检验,在出厂对包装好的茶叶进行净含量、茶叶等级以及茶叶的水分含量(7%以下)等做最后的检验。"信"指第三方检验,艺福堂西湖龙井送往最具公信力的国家茶叶质量监督检验中心检测,以保证品质的可信赖性。

李晓军说,现在用制药的思路来生产茶,"艺福堂新建的实验室和生产、包装车间都是按照GMP(药品生产质量管理规范)的要求来建的,整个生产过程实行无菌清洁化生产,健康、可靠、安全,我想把这样的茶叶供给更多的网民"。阿里巴巴在美国上市,艺福堂成为其上市路演的唯一一家茶企。

五、我们的核心价值观

"我们的使命是,让更多的人喝上更多的健康好茶!我们的愿景是,成为中国茶行业的持续领跑者！我们的核心价值观是，顾客第一、开拓创新、共享协作、健康、担当、坚毅、卓越。”

顾客第一。第一，必须不断理解并洞察顾客与市场的需求及潜在需求，满足顾客要求并争取超越顾客期望，让顾客感动、倾倒甚至疯狂，培养忠诚顾客。第二，要树立市场、一线无小事的意识，视顾客抱怨为礼物，视投诉为改进机会，快速、热情地处理好失误和顾客投诉。当没有标准或者标准不明确时，以顾客满意为第一标准。第三，顾客第一也包括内部顾客意识，下一道工序或流程节点，项目成员、所有协作部门都是顾客，服务好内部顾客也是组织效率提升的要求。第四，质量问题高于一切，任何有关质量的问题都必须迅速、高效地得到解决。

开拓创新、共享协作。第一，除了技术与产品的创新外，还要注重管理创新和文化创新。组织中80%以上的事情按简单、明确、实用的流程去处理。流程操作要追求简单有效，甚至“傻瓜式”，让人一看就明白。提倡一页纸报告和方案。会议应简短高效，会前有组织有准备，会后有结果有输出。第二，永不满足现状，持续改善，一定有更好的办法；但创新和改善必须符合公司的战略发展方向和管理制度的要求。持续改善就是做好PDCA，即计划、执行、检查、改善。不断循环，螺旋上升。第三，不说“不可能”，因为“凡事皆有可能”，说“不可能”是给自己寻找借口和推脱责任。坚持不说“不可能”的人会在不知不觉中突飞猛进。第四，公司为员工提供工作技能地培训，员工也必须加强学习以适应岗位要求和公司发展需要。提高自身工作能力是公司的期望，更是员工的责任。第五，沟通的目的是赢得别人的支持和理解。沟通的原则就是基于事实、积极、坦诚、开放。一次沟通无效，就两次、三次。沟通遇到困难不是对方故意刁难，是给自己提高沟通技巧的机会，可以审视自己提供的证据是不是最好的，数据是不是足够有说服力。第六，组织是一个整体，只有大家共同努力、相互协作才能实现组织目标。在组织中没有高低贵贱之分，只有分工不同，每个人的工作都是实现组织目标中的一个步骤。第七，努力打破部门界限，以文化、顾客、流程、项目为导向，既各司其职又主动配合、协同工作。协助者容易获得更多支持并取得成功。第八，倡导建立相互信任的组织氛围。事实证明，缺乏信任将使管理复杂化，增加信任不但可以减少监督成本，更能减少管理难度，促进目标达成。

健康。公司坚持产品健康、员工健康、社会健康的理念，并在未来工作中持续改善，让理念不断落地，成为一家倡导健康生活方式的企业。

担当。第一，忠实履行职责，敢于承担责任，不折不扣地兑现承诺，答应别人的事情要按时完成，每个人都对自己所做的工作结果负责，尽量避免让别人修改作业或收拾烂摊子。第二，不说“不关我事”，因为我是公司的一员，只有公司成功了才可能有个人的成功。第三，我们提倡在工作中用数据说话，遇到问题带着解决方案找上司或其他伙伴求助讨论，按时完成工作计划和总结，凡制订工作计划必考虑可衡量、可描述，有完成时间及责任人。第四，部门负责人承担百分之百的部门责任，要在管理中坚持“严”与“爱”，严是严格，勇于指出下属的错误并帮助指导下属把工作做得更好，让员工在岗位上得到锻炼，发展提高自己的技能，指出下属的错误是帮助他更好地融入团队，践行我们的文化。爱就是要看到下属的优点，基于事实及时给予鼓励和肯定。第五，员工的培养发展，是管理者的天然职责，培养好合格的接班人是主管能够升职的重要考核指标。

坚毅。第一，坚毅是对目标的持续激情和持久耐力，是不忘初衷、专注投入、坚持不懈的精神，是自我激励、自我约束、自我调整的行为。第二，坚毅就是朝着让更多的人喝上更多的健康好茶的目标，坚持激情，即使历经挫折，依然坚持不懈地努力向目标前行。第三，知善知恶、知是知非、知荣知耻，就会有所为、有所不为。知耻是自尊的前提。唯有知耻，才有自尊。工作中遵守公司制度，生活中遵守国家法律。第四，制度永远不能够穷尽所有的管理事项，在没有制度时，文化氛围下的责任感能够帮助我们解决所有的问题。第五，三思而后行，行而坚直。我们做事情前要慎重，进行讨论并制订完整的计划。在执行计划时要坚定目标不动摇，采取正确、专业的方法、工具来确保目标的实现。

卓越。第一，卓越就是产品细节、服务细节、管理细节。要想实现卓越，就必须每一处细节比别人更好。第二，竭尽全力把工作做到最好，让竞争对手难以企及。认真严谨，要有极致精神。第三，认真第一，聪明第二，能把简单、重复的事每次都认真做好就是卓越。善于抓重点，运用“28 原则”，将 80%的资源投向 20%的关键事项，工作效率来自时间管理和自律。第四，不说“差不多”，因为企业的目标是卓越，说“差不多”就会降低标准，说差不多就是对工作、对自己、对团队的妥协。第五，关注细节不是钻牛角尖，真正的关注细节是在系统思考下的过程管理和过程细节，企业的口号是“检查，检查，再检查；跟进，跟进，再跟进”。

六、会聚专业人才

企业之间的竞争，归根结底是人才的竞争。长久以来，因为茶叶加工方法少有革新，茶厂对工人的学历并无要求，网络售茶亦不需要高端人才。在行业不重视高级人才之际，艺福堂却把“会聚一流专业人才，铸就一流茶企品牌”作为自己的企业愿景，广纳英才并委以重任。目前，公司现有员工430余名，大学生占65%，其中产品研发、销售由茶学、药学、营养学、食品工程专业团队组成。公司通过校企合作模式引进更多的大学生专业人才，解决就业问题；并通过完善的人才培训与晋升机制，培养了一批电商、茶行业专业人才。公司以实际行动履行了大学生创业企业应当担负的社会责任。

艺福堂的“茶香计划”是针对管理方向的短期培训和发展计划，每届3—4个月时间。2016年为首届开班，是针对主管层级的管理者开设的主管班。茶香计划是指利用人才测评工具和方法，帮助主管人员，发掘自身综合优势和有待改进的机会点，补齐短板发挥优势；根据人才评价结果，制订培训、发展行动计划，以提升其管理和领导的概念、意识、技能和方法，满足公司未来对中、高层领导者的需要。本届茶香计划从6月开始启动，经历了培训需求调查、一对一人才测评两个重要的阶段。学员们希望全面提升管理能力，希望做好计划、组织、执行、控制等日常管理工作，能为公司贡献更多的效能，也希望能为团队的小伙伴提供专业的建议和帮助，以帮助他们更高效地处理日常工作。在一对一管理测评阶段，公司也客观、全面地评估了学员们管理工作的现状、各自具备的管理优势、存在的问题及急需提升的短板。在明确学员的需求和学员的管理水平后，培训的重点将从计划及执行力、组织发展、分析及解决问题的能力三大方面开展。本次茶香计划采用了戴尔的最佳实践的培训方法，即10%课堂学习、20%教练指导、70%工作实践，希望通过理论学习、教练指导、工作实践三种学习方法，让学员学有所用，进行实践总结，迅速成长为合格的管理者。本届茶香计划进一步明确了公司相关部门的责任，比如，人力资源部负责统筹“茶香计划”的开展，给学员提供公司培训和发展资源；每月跟踪IDP实施情况，组织总结、评估及表彰优秀学员。学员首先要明确，成长是自己的责任，必须坚持每天进步一点点，积极投入，学以致用，不断练习，熟练掌握管理技能。学员部门负责人要对学员在部门内的尝试和过程给予关注，了解学员的学习感受并参与评价。公司高层给予资源上的支持，邀请外部有实战经验的管理精英为学员现身说法等。艺福堂的人才目标是着眼于未来，着眼于培养一个个的事业部和产品部，为企业迅速做大储备人才。

七、以茶行道创新生活

艺福堂发展到现在的规模，作为现代茶企代表，艺福堂在关注自身成长的同时，深谙“取之于社会，还之于社会”的道理。艺福堂现在所承担的不仅仅是企业自身的责任，更多的是一种社会责任。

艺福堂作为首家“开放参观”的电商茶企，为了让广大消费者能够亲眼见证艺福堂茶叶“从茶园到茶杯”的健康好品质，邀请了艺福堂的忠实茶客前往艺福堂西湖龙井茶基地——龙坞茶村，开启“和春茶约会吧·寻茶之旅”。走进绿色茶园、现场学习炒茶技艺、参观艺福堂、看茶艺表演、品上好春茶。艺福堂希望通过寻茶之旅，让消费者真正走进企业，实现现代茶叶生产过程的透明化。“小小茶艺师”公益夏令营，组织小朋友们一起学习如何辨别茶的种类，掌握功夫茶技能，并参与茶知识竞赛等。表现优秀的小朋友还获得了由艺福堂颁发的“小茶人”资格证书。

此外，积极参与爱心公益活动。例如，艺福堂助力“经济腾飞，文化回报”行动，为电影《岁岁清明》慈善捐款；组织送温暖捐衣活动，为四川省西昌市木里县水洛乡东拉小学送去厚厚的棉衣，让山区里的孩子们也能感受到寒冷冬日里的温暖；组织以茶行道，爱传千里活动，向雅安灾区捐助现金及物资50万元。另外，在浙江农林大学设立“艺福堂茶人奖学金”，艺福堂作为大学生创业企业，反哺感恩学校，鼓励更多的人一起加入弘扬中国茶文化的行列。

艺福堂运动会是由艺福堂党支部、工会主办，行政部承办的两年一届的综合性体育盛会。目前，第二届运动会刚刚闭幕，比赛项目包括篮球、足球、羽毛球、拔河、田径、趣味体育等十几个项目。参加人员来自艺福堂四大中心的小伙伴，总参赛人次达200人，这次活动是艺福堂体育工作的一次大展示和企业文化建设的一次大检阅。运动场上有欢笑、有呐喊、有激情，也有泪水和鲜血，赛场上跌倒的姑娘们像汉子一样勇敢地爬起来继续完成比赛，那种巾帼不让须眉的气势让人肃然起敬。运动会就像一出舞台剧，有主角、配角，也有无名的幕后工作者，在赛场上展现英姿的有那些运动员，还有那些为比赛筹措、进行贡献的工作人员，公正执法的裁判员，摇旗呐喊的啦啦队，他们兢兢业业、各尽其责，为整个运动会保驾护航，也是此次运动会成功举办的关键所在，他们是幕后的功臣！尽管不是每个人都能参加比赛，获得冠军，但是大家都把自己的热情融入运动会中。运动会不仅锻炼了员工的身体素质，展现自我，而且加强了相互沟通、增进了相互协作，激发了员工积极向上、顽强拼搏的精神。在这届运动会上，艺福堂运动健儿们表现出团结拼搏的精神，并把这种不畏艰难、勇争第一的韧劲带到工作中去，去创造艺福堂的下一个辉煌，去实现企业使命：让更多的人喝上更多的健康好茶！

八、回归茶的本质

在李晓军的内心深处，他不希望艺福堂只是一家买卖茶叶的公司，他的艺福堂要成为一个真正的茶叶品牌，完成最初让更多人喝上更多健康好茶的梦想。“高学历人才的加入和努力，是公司发展的动力源泉，也是中国茶行业传承的希望所在。”多年来，李晓军聘用大批本科生来卖茶，通过艺福堂私塾的集中专业授课，培养他们成为中国的茶叶大师，在销售茶叶的同时，向消费者传递健康养生的茶叶知识。艺福堂的研发室中，存放着各类茶叶、花草、中药和水，研发团队每天就在这里进行着各种各样的搭配，犹如魔术师般，开发出符合年轻人需求的新式“潮”茶，比如具有减肥功效的荷叶茶、口感新颖的五谷杂粮茶等。李晓军还希望，以后的艺福堂能够研发一种解酒茶，造福不胜酒量而又不得不应酬之人；把茶变成可乐、果汁一般的方便饮品：奶油绿茶、飘香红茶等茶产品都在考虑之列。

在浙江农林大学，李晓军设置了艺福堂茶人奖学金，希望通过对茶文化学子的关怀，鼓励这些茶人在校期间努力储备专业知识，将来与艺福堂一起，为弘扬中国传统茶文化贡献自己的力量。一方面培养人才，充实中国茶产业力量；另一方面，为众多消费者提供良好的学习、交流中心。

走进艺福堂，你会讶异，一家从网络售卖茶叶的店铺起家的公司，怎么会有设施齐全的演播室。据了解，演播室会录制《问茶》节目，或是播报一些新鲜的新闻事件。李晓军很任性，要让人们在健康品饮的同时，多维度感受茶文化的魅力：公司官网开设栏目，邀请茶学专业人士进行茶类知识讲座；线下实体体验店成为以杭州为中心的茶友交流中心；产品研发中心开设线下茶百科知识、茶艺培训点——艺福堂茶学院。"艺福堂要做的是引导更多的人喝茶，让更多的人了解茶文化，爱上茶。"这种坚持，说起来容易，做起来很难。

迄今为止，李晓军只在杭州滨江拥有一家实体店，以展示为主。"首先我们只在网络卖茶，削去不必要的利益链，方便快速购买；我们做的是大众消费品，价格低但东西也要好，降低老百姓喝茶的门槛。除了部分企业的定制产品外，从不主动经营礼品茶。"李晓军有些感慨，"坚持梦想，必须有所为有所不为。"关于未来，李晓军仍坚持最初写在8平方米出租屋内的那句话，实现从茶园直接到茶杯，让更多的人喝到更多的健康好茶。

三百年国医国药馆——方回春堂

方回春堂创设于清顺治六年(1649)的方回春堂国药号,2006 年被国家商务部正式批准为“中华老字号”。走进方回春堂,一股浓重的中药味扑鼻而来,从来往如织的人流就可以映射出百年老店的魅力所在,依然是那种高高的柜台,老式的摆设,却是那么吸引人。中华民族自古就对中医药有特殊的情结,它是我们民族所特有的一种医术。

一、发源:小儿回春丸

杭州曾为南宋首都,是古代著名药典《太平惠民和剂局方》的发祥之地。朝廷旨办的太平惠民局分布在城区东、西、南、北、中 5 处,城内著名药铺数十家,药摊、药贩、药膳、药饮不计其数。在御街中段的保佑坊、太平坊、中瓦子、市西坊和猫儿桥一带最为集中。在此,历代名医辈出,名店迭起,名药更新,上下 700 余年。

稍有名望的医家多自立门户,而一般职医者则多依附于中小药店应诊,名为“坐堂医生”。此外,也有边行医边卖药材的个体医生,靠祖传单方、验方行医配药为生,民间称为“草头郎中”。医和药分家更为明显,促进了此后较大规模的中药铺的不断开设,成为清代杭州国药发展的重要特征。

走在如今的清河坊历史街区上,当年许多赫赫有名的中医药馆都设立在此,经过了百年甚至几百年的风雨沧桑,百转千回,它们就像一个个历史巨人,依然矗立不倒,向我们娓娓道来那不朽的历史传说,它们就像一块块活化石,等着后人为它们一一解秘,向世人展示它那段美丽而又沧桑的荣耀史,那是历史的见证,更是一段自强不息的见证!

走入方回春堂的大堂，一股浓重的中药味扑鼻而来，让人觉得是那样苦涩却又如此熟悉，站在大堂之中，古色古香的摆设和高大的青砖石门，木结构式的小楼，深长而又窄小的楼梯，让人的思绪渐渐飘回了那个年代……

现开设在清河坊“四拐角”西侧的方回春堂国药号，创设于清顺治六年(1649)，据传为钱塘名医方清怡(字再春)所创。再春含义为回春，故以“回春”为店名，以期“逢凶化吉，妙手回春”。方清怡出身于中医医药世家，精通药理，悉心研究明代万历年间杭城名医吴元溟的《痘科切要》《儿科方要》，常以家传秘方研制丸药，使沉痈久病之人得以康复。方回春堂自创立之初，就严谨遵从古代良方，择料讲究，精选各省最好的药材，选工尽善尽美，煎虎鹿龟驴各种补胶，依法炮制各种丸散膏丹。尤其是家传的小儿回春丸，救助幼儿无数，更是名动天下，妇孺皆知，有不少故事广为传诵。方回春堂至今已有370多年的历史，是一家具有悠久历史和文化底蕴的百年老字号。

追溯其历史还得从方清怡说起。方氏出身于中医世家，精通药理，年轻时就跟随父亲学医，且特别擅长于儿科，以祖传秘方精制的小儿回春丸享誉当时的杭城。相传方清怡尚在新宫河下住处行医时，有一日，两乘小轿在他家门口停下，从轿中走出一老一少两个妇人，老妇人手中怀抱着一个双目紧闭、发着高烧的男孩，跟在少妇后面。并由一老男仆和一小女仆陪同走进门来，少妇神情憔悴，十分紧张的模样，当时他们已经看遍了杭州的一些名医，吃了药，均未见效，后经人介绍，就慕名前往请方清怡诊治。方通过望、问、闻、切及对小孩进行腹部的检查和触摸后，对少妇讲：“小孩是因为消化不良，加上受寒所致，只要好好调治，病会消除的。”随即开了一张小儿驱寒的方子，又给了七粒用蜜蜡封好的药丸，交代了服法。那个生病的孩子服了七天的汤药和药丸后，病消了，精神也好了，少妇一家甚是高兴。再说这一家的主人，乃是钱塘县知县，生病的孩子是他的孙子。今见孙子病已消，也甚是高兴，忙差人把方清怡请到府上面谢。至府上后，主宾相互客套了一番，随即知县取出了五十两银子作为酬谢。方清怡早就听说知县为官廉正，于是婉言谢绝。然后知县问起此药丸何名，方说尚未取名，知县随即在书房的案桌上写了一张“妙手回春”横幅，并对方清怡说：“药丸就叫小儿回春丸吧。”药丸就此得名。

从此以后方清怡声名鹊起，前来求治小孩的病人越来越多，生意也日日渐好。只要有人问起找谁医治小孩的病时，老百姓都会不约而同地说：“当然是方清怡，找他看保证药到病除。”这使得当时杭城百姓老幼皆知。生意好了以后，人手及药材方面的配备都开始显得不足了，常常只能顾及一两个病人，其他的病人却无法照顾到，长此下去会直接影响到生意。于是方氏便萌生开家药店的想法，一边医治病人一边做零售和批发以扩大营业。于是就选址清河坊，建造了方回春堂。开张后的方回春堂生意比以前更好了，大堂里进进出出，十分热闹，而方清怡亲自坐诊大堂为病人看病，更是引得不少的病人天一亮便来排队求医。有了好的名声和口碑后，方回春堂的发展一直很兴旺，后一直成为晚清时期操纵杭城药材市场的6家大药铺(胡庆余堂、叶种德堂、方回春堂、万承志堂、张同泰、泰山堂)之一。

二、祖训:许可赚钱　不许卖假

清河坊原先被称为竹斋街，自古便是繁华之地。河坊街新宫桥以东，是南宋时期宋高宗寝宫——德寿宫遗址。南宋时被封为清河郡王的张俊住宅就在当时称为御街的太平巷，故这一带被命名为清河坊。南宋时期，清河坊商铺林立，酒楼茶肆鳞次栉比，是杭城商贾云集之地。历经元、明、清及民国时期，直至新中国成立初期，这一带仍是杭城商业繁华地带。杭州的百年老店，如王星记、张小泉、万隆火腿栈、胡庆余堂、方回春堂、叶种德堂、保和堂、状元馆、王润兴、义源金店、景阳观、羊汤饭店等均集中在这一带，可谓是商贾云集，风云变幻之地。方回春堂一直秉承“许可赚钱 不许卖假”的祖训，深知卖药的人要靠自我约束，药店赚的都是良心钱。据说方氏立下这句祖训是有来历的，那时的方回春堂已深得民心，大家有点小病小灾的都会跑去方回春堂抓点药熬服，因此生意十分红火，常常有不少药材都卖到缺货，前来购买的人有时只能败兴而归，或者转去他家购买。当时负责进货的是一位姓王的药师，看到此情景时便动起了歪脑筋，心想:再怎样也不能便宜了别家。于是托熟人运来了一批很次的药材，经过稍微加工整理便以次充好摆上了柜台，然而假的就是假的，纸是包不住火的，这批药材卖出去后很快就有人来反映药材的质量和疗效不好，有的甚至吃了后感觉很不舒服。这事很快就传到了方氏的耳中，他大为震怒，方回春堂从开张到现在还没出现过这样有损声誉的事，自然亲自出马彻查了此事。结果当然是负责进货的王药师被开除了。此外方氏还亲自上门向那些买到假药的顾客道歉，并把一批好的药材赠送给他们，得到了大家的谅解。这件事情以后，方氏就立下了延续至今的、深深铭刻在一代又一代员工心中的"许可赚钱　不许卖假"的祖训，让他们清楚地认识到，即使赚钱也要赚良心钱，卖药要卖道地药，中药是天赐地养的自然精华之物，只有真正的道地药材才能对病症起到良好的效果。

方回春堂在丸散饮片的生产和制作上更是追求精细，雇用一批有经验的师傅来管理药材的加工制作。那时候有专门的刀房用来切药，后院一大片都是晒场，用来晒干药材，中药材最讲究的是道地、纯正，一种中药材从种植的时间、培养、使用，都有严格的标准和采摘时间，有的甚至需要经过几年时间的培养。拿最常见的中草药枸杞为例：枸杞喜冷凉的气候条件，适宜生长的温度白天 20℃—25℃，夜间 10℃左右，喜光照；需经常保持土壤湿润，但不耐涝；播种前将枸杞干果放在水中浸泡 1—2 天，搓去果皮、果肉，在清水中漂洗出种子。捞出种子后晾干，然后与 3 份细沙拌匀，在室内 20℃条件下催芽。而采摘的时间也是非常重要的一个环节，夏天采，子少肉厚，质量好；冬天采，子多肉薄，质量差。一个简单的枸杞种植就需要这么多的苛刻的外部条件，可见要保证药材的道地和纯正是多么不简单，需要花大量的时间和心血。然而，这在一定程度上大大保证了药材的质量及药用价值。方回春堂做到了这一点，它在药材上面做足了功夫，以"许可赚钱　不许卖假"的祖训树立起了方回春堂的百年历史。在 20 世纪暴风雨般的斗争中，它就像一棵韧劲十足的草，"野火烧不尽，春风吹又生"。

方回春堂也很注重研究和创新。据著名的中医学家史奎均回忆，他很小就跟随父亲史沛堂（中医名家）学医，在新中国成立前就和方回春堂有很深的渊源。当时的史氏开了一家中医诊所，并且十分信任方回春堂，因此诊所所开的方子都拿到方回春堂去抓药，史奎均也经常随父前去方回春堂。其中有个药师名叫杨树堂的给他留下了深刻的印象。那时每年过年史奎均的父亲都要带着他去杨树堂家吃饭，久之他便知道杨树堂是一个中药师，他十分重视现代医学的发展和研究，而这项工作在当时是很少有人涉及的，研究的人也很少。而杨医师却看到了其潜在的发展，在方回春堂设了一个研究所，专门搞中西医相结合的现代医药研究，这在当时中医界是罕见的，而且他经常与史沛棠及张石富进行探讨，并付诸实践，取得了不小的成果。特别是在丸药的制作方面，杨医生经过多次的实践，终于研制出如何使丸药在浸泡的过程中更好地提炼出有效的成分而不使丸药的药性减弱，大大提高了丸药的药用功效。

此外，方回春堂十分重视对员工理念和能力的培养，让每一个员工都知道要保持信誉，不仅要保证产品的质量也要注重自身的素质和业务的提高，并由各个部门的老药工担任教师定期对员工进行培训。而对于员工的奖惩及工作规章制度也有一套严格的方案，除了基本的工作制度外，还要求员工做到：顾客到店后要主动站立热情招待，绝对不能怠慢，哪怕是再挑剔的顾客也要耐心细致地服务；针对顾客的需求，介绍相应的中药产品；就算顾客没有选中需要的东西，也不能面露不高兴的神情，应以笑脸相送，期待顾客的下次光临；对于那些年老体弱、身有残疾不方便走动的人，坚持送药上门；对于那些生活贫困需要买药的病人，一律以最低的价格卖给他们，有时甚至还会免费提供。方回春堂这样做的目的就是要为自己、为顾客树立一个良好的形象，长此以往，自然赢得百姓信任。

三、发展：跑街和拆兑

对于方回春堂的"方"字，历来还是有些争议的。据了解，方回春堂后来并不是由方家人代代相传延续下去的，而是按照现在的流行说法聘用"职业经理人"。由于种种原因，后来成了几个人合股经营的药材店，以批发为主兼营零售。方回春堂的批发业可算是有特色的，在民国时期方回春堂与大井巷的胡庆余堂、中山中路上的叶种德堂是"三足鼎立"，成为相互竞争的对手，但是方回春堂在资金和经营规模上又逊于胡庆余堂和叶种德堂。据资料记载，在民国 20 年时胡庆余堂的资金为 10 万元，叶种德堂为 1.8 万元，而方回春堂仅为 7280 元。该号上任的经理卢裕国于是另辟经营门路，聘用能人跑街，重点拓展本堂生产的丸散饮片的外埠生意，以"拆兑"（即自制饮片，丸散和中药材批给市内市外中小药店）为主。由于方回春堂批发的药材种类多，品种齐全，在当时就有 1800 多种，并且药材道地，因此远近闻名，周边一些小的药材店都到回春堂来采购药材。当时有一批俗称"航船"的人，经常来购买药材。所谓"航船"，在当时是一种职业，那时周边有许多小的药材铺，由于是小本经营，学徒也没有，而来回一趟需要好几天，会耽误生意。因此只能委托那些"航船"的人为他们带回需要的药材，而"航船"的人就从中赚取一点佣金。方回春堂靠这些人为他们带来了不少生意。当时的方回春堂、张同泰和泰山堂同为药业的"三拆兑"。由于方回春堂的良好信誉及产品，其生意远远好于其他两家。

聘请来跑街的人，其中有个叫叶滋茂的，特别能干，曾经为方回春堂带来不少的生意。当时的中国正处于抗日战争时期，各方面的资源都很紧缺，特别是对于药品的需求量更是大，很多前方战士受伤后都急需大量的药物用来治疗，而这给处于危机中的方回春堂带来了机会。当时三墩附近有很大一块地区"无人管辖"，在这里买卖货物不仅无人来管而且成本极低，转卖到战区后可以获得很大的利润。叶滋茂很快发现了这一商机，他到处跑关系，靠着自己的聪明和能说会道说服了当时负责药材进货的人，很快把药品送到了敌占区，及时填补了前线战士缺药的空白，同时也替方回春堂做成了一笔大生意。

四、衰亡：战火纷飞的苦难

当时的中国可以说是处于水深火热之中，老百姓过着颠沛流离的生活。由于长期的战争，日军在军事上无法速战速决，不得不利用占领区的物资来支持战争，达到"以战养战"的目的。当时，除了工业受损外，杭州的商业也日渐衰落，市面极度萧条。日本士兵更是街头巷尾乱窜，见钱见物拿了就走。方裕和南北货店在柳翠巷栈房内的货物和几千只火腿被抢劫一空。叶种德堂、胡庆余堂圈养的数百只关鹿成了日本人腹中之物。

杭州中药业在民国时期颇为发达，有大中小药店 100 余家，杭州沦陷后，各家药店的药品屡遭抢劫，加上日本药商不平等竞争的影响，药店大多数只能惨淡经营。在那个兵荒马乱的年代，方回春堂生意虽然不好，但还能勉强维持生计。杭州城里其他的大小药店，在杭城沦陷的最初几个月里，纷纷关门歇业。到了 1938 年 4 月和 5 月期间，这些药店才重新开门，但都只有一两个学徒留守，原本门庭若市的场景不复存在。

由于在抗战时受到了重创，抗日战争胜利后，各家药店在经历了很长一段时间的恢复，才慢慢有了生气，像叶种德堂，战时被迫停业，后虽复业，也仅能维持职工的最低生计。杭城中药业六大家之一的万承志堂，战后也没能东山再起。然而，灾难没有就此结束，接踵而来的是四年的解放战争，这无疑给已是满目疮痍的中药行业又添了一把火，让它更快地被毁灭。人民的生活还没有得到根本的恢复，生产还处在停滞状态，倒闭关门的企业不计其数，而中药行业也受到了重创，几乎都是闭门歇业，就连胡庆余堂也不得不关门躲避战乱。方回春堂也陷入了自开业以来的最低谷，原本热闹兴旺的场面如今已荡然无存，也只留着几个学徒苦守着店门。

这种局面一直维持到了新中国成立，当全国人民都以极高的热情投入重建家园的生产中去时，中药行业也开始了新的发展。然而由于之前所受的创伤实在太重，因此想要恢复到民国时那种繁荣的局面已是不可能了，只能在原有的基础上继续加强经营来获取资本。然而，再雄厚的资本也经不起战争的折腾，方回春堂无力再经营如此大的一个药行，经过讨论，最后决定缩减规模来维持经营。之后方回春堂以 3 万元的价格把清河坊的老房子卖给了上城区税务局，把大本营转移到了望仙桥一带(即如今的中山中路)继续进行药材批发生意，尽管还和不少老主顾保持着往来，但是生意还是大不如前，资金的短缺使方回春堂无法正常运转，常常是只能维持职工的基本生活，生意也十分清淡。苦苦维持了 3 年，终于在 1956 年公私合营国有化中并入了杭州医药站。至此，历经 300 多年风雨的方回春堂终于暂时退出了历史舞台，暂时画上了句号。

五、重生:杭州老字号的兴起

新中国成立后，由于实行计划经济体制，在经济建设中也曾走了一段弯路，但改革开放以后，中国实行了以经济建设为中心的战略转移，经过 20 多年的发展，初步建立了市场经济体系。由此，中华大地发生了翻天覆地的变化，各行各业也慢慢开始恢复生产，人民的生活水平得到了根本性的提高，而一些老字号的企业也纷纷开始复兴和崛起，重新返回到历史的舞台。人们纷纷开始关注中华老字号的保护和发展，这个特殊的群体代表的不仅仅是一个家族式企业的发展过程，更是一个民族商业文化的演变过程，具有不可忽视的民族文化深藏其中。

的确，历史留给我们太多值得去发掘和保护的物质和文化遗产，它们曾在中国千百年来的历史上留下过辉煌的印记，是华夏文明的组成部分，是我们宝贵的财富之一，作为中华儿女，我们有义务把他们延续下去，并且发扬光大。2001 年 10 月，杭州方回春堂借清河坊历史街区重修之机，集资近千万元，整缮原址店屋，重新开业。一家百年老字号又回到了它自己新的历史起点，开始了新的发展。

方回春堂目前拥有2500余平方米的建筑面积，完整地保留了原有的建筑风格。在布局上亦为典型的明清江南传统特色，现主要由三大部分构成，即国药馆、国医馆、参号。国医馆是省、市定点医疗机构，有诊室20余间，上百年的古董家具，古老的诊室，透露出中医的神秘气息，隐隐显示国医的博大精深。然而困难还是存在的，开业后的方回春堂，虽然有百年老字号的优势，但没有自己的医生，同时缺乏管理中医院的经验，一切都得从头做起。凭借机制优势，方回春堂严格遵循“许可赚钱　不可卖假”的百年堂训，本着三年内不打算赚钱的思想，一个名医一个名医地请，一次不成两次，两次不成三次，有位名医甚至请了三年，前后不下十几次。很多到方回春堂坐诊的名医，都是最后被方回春堂的真诚打动，推掉其他事务，到这里来坐诊的。

方回春堂同时也很注重对药材的选购，道地、纯正是重要标准也是唯一标准。为此，方回春堂下足了严格地选购标准。当时70岁的杨其康是方回春堂专门从湖州请来的老中药师，他13岁起就在当地的中药馆参茸柜台做学徒，与参茸打了56年交道，深谙此道。杨药师专门负责方回春堂的参茸进货关，平时也为顾客讲授一些人参真伪鉴别和服用知识。“方回春堂的每一支人参都要经过我的手。这些东北长白山产的地道人参拿来之前都有省、市药品检验所的质量保证书，但我还要挑选一下，有伤疤或锈疤的一律不准进店。说实话，有些参商都有点怕我。”杨其康说。

为了寻找好的野山参及药材，方回春堂常常派那些资深的专家和药师去东北等地实地勘察和购买，以保证野山参的纯正效果。沈春宇师傅就是负责进药材的专家，常年大江南北地奔波，就是为了能找到道地、纯正的中药材。据沈师傅介绍，记得有次他去东北的吉林省找药材商购买好的药材，那些药商也是久闻方回春堂的大名，纷纷前来推荐自己的药材和野山参，沈师傅凭着其多年的经验，自然是一眼辨好坏。不少药材商都被他一一回绝。但是其中有个姓王的药材商拿来的几支野山参引起了沈师傅的注意，经过反复的验证，他知道这是上等的好货，决定购买了，但是那药商随后向沈师傅提出了其他要求：这几支野山参可以以稍低的价格出售，但是必须搭上其他几支野山参，并且沈师傅还可以从中拿到好处费。沈师傅当然一眼就看出了其中的奥妙，其他几支野山参个头矮小，参须稀拉，年份明显不足，这显然是违背道义的，沈师傅很坚决地回绝了，那药材商不死心，仍然花言巧语游说，但是沈师傅还是不为之心动。药材商见没有回旋的余地，只好怏怏地走了。尽管沈师傅很痛心那几支上好的野山参，但是出于自己的职业良心，对药材道地质量的追求，对顾客的责任，他还是放弃了。等到药材进来后，方回春堂还要严把质量关，请来了国家级中药师徐锡山负责药材质量的检验，凡有不符合规定的，一律退还并且不准上柜。

对方回春堂来说，请到了名医只是工作的第一步。第二步，方回春堂引进先进的品牌营销理念。根据医生自身优势和病人就诊情况，分析医生特长，给医生重新进行市场定位，并进行科学的舆论引导。此举开了我省中医界的先河，对方回春堂的迅速崛起起到了“四两拨千斤”的作用。除了调动名医、专家的积极性外，方回春堂把前来看病的患者放在了首要地位。本着真心为病人服务的原则，实打实地处处为病人着想。有病人说，在方回春堂，看到的工作人员脸上是很和善的，看不到懒散的工作人员，人人都在忙着自己的事情，对病人的问题有问必答，是一个朝气蓬勃的团队。从开业后的短短三年间，方回春堂已经迅速成为杭州中医界美誉度上升最快、病人就诊人次增长最迅速、工作开展最具活力的中医界新生力量。

六、电商：跨入 O2O 时代

信息经济时代已经来临，越来越多的传统企业品牌商开始转型拓展线上业务。百年老字号涉足电商的意义何在？方回春堂做电商有什么优势？方回春堂电商负责人奚百川给出了自己的见解：方回春堂是一个在杭州乃至浙江有着良好商誉的百年企业，拥有大批优秀的医生资源，但由于地域限制，其他地区的消费者无法享受到方回春堂优质的商品与服务。电子商务恰恰打破了空间的限制，这对方回春堂而言是一次再发展的机会。事实上，目前方回春堂走的是一条差异化路线。方回春堂有着药材道地、品质优良的竞争优势，良好的商誉也能够让消费者更快速地接受这一品牌。另外，丰富的医生资源能为网上药店所用，为消费者提供更加专业的用药指导。方回春堂网上药店打造的并不是一个单纯的商品平台，更多的是一个服务的平台。

然而，“电商+百年老字号”这个看似并不怎么“协调”的组合在药店圈可不多见，两者组合会产生怎样的效果，大家都在期待。奚百川认为，“中药材+老字号+电商”这一组合，能产生微妙且具有爆发力的化学反应。

在接受《21 世纪药店》采访时，奚百川认为：“‘80 后’可以说是我国电子商务市场的'原住民',他们不仅有强大的消费能力,也有强烈的消费需求。'80 后'现在正处于职场的上升期,不少人的身体已经处于亚健康状态。此外,他们也正好处在'上有老下有小'的阶段,对于健康消费品的需求会越来越大。在这样的背景下,我认为,有着保健养生功效的中药类商品销售在未来将会取得快速增长。"他觉得,单纯从治疗药品来看,由于网上药店的不及时性以及线下药店的便利性,这类药品的销售很难在线上形成竞争优势;相反,中药材网上销售对于时间和便利性的要求并不高,容易形成品牌优势。

奚百川认为,中药材医药电商之路的前景是光明的,但道路是漫长的:"中药材线上销售需要通过消费者的口碑积累形成品牌。像方回春堂这样的百年老字号,潜心做好服务是企业的根本。因此,我们不会盲目追求量的提升。"

对于门店较少的方回春堂如何做 O2O 这个问题,奚百川有新的诠释:"人"与"物"两个经营平台的结合。"事实上,我对于 O2O 的看法有别于目前业内普遍讨论的 O2O。业内探讨的 O2O 一般指的是线上消费、线下体验的过程;事实上,像药品这样的标准化商品,如果线上线下价格相同,在线下体验后直接购买即可,为什么还要到线上消费,多此一举呢?如果价格体系不同,则又会带来线上线下的价格冲突问题。因此我认为,O2O 可以换一个角度来思考。"

奚百川将第一个"O"定义为经营人的平台。利用移动互联网终端,让商家直接面对消费者,为他们提供服务,加强与消费者的沟通。平台的形式可以多样化,譬如通过公共账号,利用方回春堂的医疗资源解答消费者对于亚健康状况的问题;可以通过对粉丝的分类,定向推送一些对他们有益的滋补配方;如果消费者有需要,还可以为他们推荐方回春堂门店中优秀的医师,为他们提供诊疗服务。这个"O"主要是提高消费者黏度,增强他们对平台的认同感。而第二"O"则定义为经营商品的平台,包括线下的门店、PC 端在内,消费者在这个端口主要是获取商品,作为第一个"O"的价值体现。

第一个"O"中,如何解决粉丝聚集是个关键问题。奚百川说方回春堂探索出了两条路径:

第一条路径,中医就诊。大家可能没有去过中医馆,但基本上都去过医院,医院里患者最头疼的问题是什么?排队挂号。挂到号以后干吗?等,等医生。等完以后，其实医生也就跟你说两三句话，就把你打发走了。但大多数患者配了药以后，或在服药过程中，会碰到一些问题，却找不到人询问。你怎么能再次咨询医生？没有办法，除非再次挂号就诊。所以，奚总觉得，从这个需求点出发的话，只要满足一些简单的要求，一家医药馆就有信心把用户变成粉丝。

首先，迅速匹配到最合适的医生。每个人去医院之前，都很难知道最适合的医生是哪一位；最牛的医生也不一定适合特定的患者。所以，方回春堂尝试在后台建立一个服务团队，有人打电话进来就直接转过去，告诉他，有什么病，要看什么医生，给他匹配最合适的医生。

其次，缩短整个就诊时间。一个患者通过方回春堂的微淘去挂号的话，现在基本上可以做到将原先大约是3个小时的就诊时间缩短到30分钟到1个小时之间。如果患者信任我们，也可以邮寄药品，基本上半个小时解决全部就诊问题。这意味着方回春堂要建立一个非常酷的机制。当然，这要基于微淘后期的定位系统。这里再延伸一下，如何匹配真实用户？——实名制，包括电话。现在很多客户不愿意把个人信息交给企业，但是我们没碰到一点问题，为什么？因为挂号总是要真实信息的。这其中，一是因为涉及医保问题，另一方面也是因为医药馆要联系患者，电话必须真实。我们给患者推送的其中一条信息就是：请留下你的电话和姓名，方便我们的人联系你。

再次，在后期我希望引入医生的评价机制，和微淘一起共同开发。在一家医药馆里，必然有好医生，也有相对医生。我希望通过粉丝对医生进行评价。评价唯一的标准是医术是否高明。作为粉丝来说，最核心的点是让自己越来越健康。

最后，购完药以后，或者是在服完药以后一段时间内，在下一个就诊的时间到来之前，发生问题怎么办？原先患者跟医生这条路是断的，而方回春堂可以借助微淘建立医生和粉丝互动的通道，实现线上沟通。

所以，我们的微淘成了一个平台性的造粉中心。如何理解呢？企业完全去品牌化和企业化，把这个平台完全交给粉丝，让他们自己玩，自己推荐医生，总会出现很多的“热心诊”，总有人在这个平台上生长，到时我只要管控一些不必要的麻烦就行了。

在中医整个就诊过程中，如果我要把一个用户变成粉丝的话，就要做到这几步。前期我实现的只是人工，所以最大的需求是把这两步变成一个系统，不要让我每天这么辛苦。对我来说，医生资源毕竟有限，浙江省名中医也就160多位。真正可以产生重复购买的，真正可以把整个价值链条拉长的是保健调理，即所谓的中医养生。

第二条路径：方剂。大家比较熟悉西医，感冒的时候吃泰诺，发炎的时候吃阿莫西林。其实中医在多年的发展中，针对某些特殊的病理，已经沉淀了非常有效的方子，比如治疗女孩子痛经的四母汤，大家都知道，它的普及面会更广一点。此外，还有各种各样不那么知名的针对不同体质的经典名方。

我想做的是：第一，根据用户的身体情况，给用户匹配最合适的方剂。第二，将购买的步骤变得非常酷，酷到什么程度？现在用户在微淘上购买的步骤链条很长，我要把它缩短，尽量缩短到两三步就好了。比如，基于患者的地理位置，我完全可以把药发过去，根本不需要其他操作步骤。第三，未来我想去实现的是，在同种病理的情况下，让这个方剂产生一个评价机制。比如四母汤，同种状态的人去评价它，写各自的心得，原先身体是什么情况，服用了四母汤以后，变成了什么情况。当然，这是建立在用户自愿的基础上的。那么，其他的人看到这个分享之后，会去匹配跟自己身体病理一样的人，然后会找到最适合自己的方剂。这是我们未来要走的一条路，即上面有一个医粉互动，下面有一个“粉粉互动”，等到粉丝群体足够巨大的时候，任何一个专业领域下面都会出现一个非常细分领域的意见领袖。整个平台的作用是造就意见领袖。

接下去要思考的就是粉丝聚集多了之后，我能做什么？

我要做的第一件事是什么？把粉丝导到中医养生馆里。大家讨论的利润分层在我这里不存在，为什么？我所有的挂号费都是给医生的。开始导粉丝的时候，会出现信息匹配的过程，我的粉丝达到多少级数的时候，通过内部的运转系统，能使得中医养生馆里的整个配量达到一个平均值、峰值，不能太满，也不能太虚。但粉丝的积累速度肯定要远远快于造医馆的速度。这个时候，需求会出现，当同一地理位置的粉丝聚集到一定程度的时候，我就在那个地方建一个医馆或养生馆。不像之前建个医馆，还需要花几年的时间构建影响力，一定区域内的需求聚集存在，剩下的只是我在该区域铺设一个终端而已，就这么简单。

目前，方回春堂电商板块要做的是打造一个模式与一个团队。一个模式是指打造出一个适合方回春堂的互联网模式，一个团队则是打造一个能够运营好此模式的团队。品牌的积累是一个漫长的过程，而做好百年老字号的奥秘正在于坚持。

七、传承：发扬传统　造福后人

农历五月初五为端午节，正逢初夏，此时的天气越加炎热，病菌多，蚊虫多，人也容易生病。人们为求平安，老年人挂香袋以求长寿，小伢儿（儿童）挂香袋求健康平安，这叫“压午”。早在方氏创业时就曾有为了报答百姓的信任和喜欢而在端午节为孩子们发放香袋的事。方回春堂传承民俗文化，前些年曾每年在端午这天为杭城的小伢儿们发放5000个香袋，让生活在现代的他们感受一下传统的民俗神韵。这些香袋是按自家传统方法秘制的，内有丁香、檀香、白芷、陈皮等数味道地中药材，具有驱虫除蛀、芳香醒脑等功效。这些香囊既美观又实用，博得大家的喜爱。每年端午期间的赠送现场人头攒动，甚至有的市民为了领取香袋早起排队等候。后为保障节庆安全，防止哄抢造成人身事故，方回春堂不再集中发放香袋，而是采用端午节前后“消费送香袋”的方式，延续传统。

每年冬季的“腊八施粥”活动万人拥簇，场面更是热闹，已成清河坊街上的一大盛事。施粥的那天一早，天还蒙蒙亮，不少老杭州就早早地来到方回春堂，不久门口便排起了长队，还有不少人带着孩子一起过来，让他们也感受一下这一老传统、老风俗。更有些人专程从宁波等地赶来，就是为了品尝一下这杭州特有的腊八粥。等到施粥时队伍已经像长龙一样，一直排到了清河坊的街口，用万人拥簇来形容一点也不夸张。一锅锅冒着热气的腊八粥一一分到了人们的手中，喝下去的不仅仅是营养美味，更是方回春堂的一片心意、一份祝福。最早的腊八粥用的是红豆，后来才变得丰盛起来。南宋周密在《武林旧事》里说：“用胡桃、松子、乳蕈、柿、栗之类做粥，谓之腊八粥。”现今的腊八粥多用糯米、红豆、枣子、花生、莲子、百合、桂圆、蜜饯煮成甜粥。每年的腊八，方回春堂动用了 15 口平日里熬膏方的大铜锅，用百年铜锅配以文火熬制的腊八粥，浓稠而香。精选东北的糯米、晚稻米为主料，配以红枣、桂圆、莲子、赤豆、葡萄、栗子、花生、白果、百合等 10 余种辅料，营养丰富；还加入了方回春堂祖传的腊八粥秘方，如山药、茯苓、枸杞等中药材，使粥更具营养，滋补养生。

方回春堂每年冬季举办的"方回春堂中医膏方节"和"方回春堂参茸节"深受杭城百姓青睐。方回春堂每一处装饰，每一处摆设无不显示出方回春堂的古老和其特有的魅力。堂内的大型红木百眼柜内存有 1000 余种精挑细选的中药材，道地纯正。堂内并设有大型参号，汇集长白野山参、西藏虫草、正宗铁皮枫斗、名贵阿胶及密制阿胶膏、鹿茸、大补酒等，真正显现了中药的神秘和大气，并且还有资深老医师指点进补良方。有方回春堂特色的药酒、药膳方、进补经验方，吸引着众多顾客和旅游者。每年冬季举办的"方回春堂中医膏方节"和"方回春堂参茸节"享誉杭城。在节日期间，举办各精品参茸展，特邀药学专家讲座、优惠展销等一系列活动，为市民献上一道参茸大餐。顾客进店能免费喝上一口茶，是传统药铺的待客礼数。方回春堂的"礼数茶"很注重保健功效，都是由老中医的经验方调制而成。如秋冬季的"决明子苦丁茶"是用炒决明子和苦丁茶等纯正中草药冲泡，具有清热降火、平肝明目、降血脂和降血压的功效，特别适合老年人服用；而春夏季的"六月神仙茶"则用六一散、青蒿、荷叶等组方，有清热解毒、利湿消暑的作用，老少皆宜，特别是今年的高温酷暑，更显"六月神仙茶"清凉健身的神奇效果。

此外，方回春堂每年举办两次大型义诊活动，每次为期 3 天。应邀参加的名老中医越来越多，几乎涵盖了杭城的"半壁江山"。接受义诊的患者每年也不断增多，场面盛况空前。这是方回春堂国医馆对市民最实惠最直接的回报。

如今的方回春堂正尽自己最大的努力，维护着品牌盛誉，传承着中华民族的智慧结晶。370 多年过去了，虽然方回春堂的掌门人已换了 10 多任，但方清怡老先生开创的诚信、行善传统却薪火相传。"方回春堂，生命得到最大的尊重，名医良方得到最大的敬重，真材实料得到最大的注重"，此乃方回春堂传承百年的行医济世之方略。

开有风景的书店——杭州晓风书屋

书店，是一种文化传统，晓风书屋的定位是做杭州城里的一个文化客厅，没有门槛，无须预约，随时可以来。杭州晓风书屋创办于1996年。那时候，朱钰芳只有一个简单的想法，就是开一间美好的书店。机缘巧合，后来一间书店变成两间、三间……20年过去了，晓风逐渐开起了一家又一家的分店。从原先只为自己开一家好玩的书店，到现在，更多的是想展现书店的美，想让更多的文化人了解到杭州的美。

一、情怀仍在

如今，生活节奏加快，电商发展迅速，你有多久没进书店了？在亚马逊、当当网、京东商城等平台买纸书，或者在Kindle、多看、豆瓣阅读等平台看电子书，读者在线上可选择品类越来越全，购买也越来越方便，是什么促使读者再去逛书店呢？能让读者进书店的理由有哪些？能让读者买书的理由又有哪些？一家书店的哪些细节最能打动读者？也许，很多读者心中还有着这样一个温馨的场景：自己捧着一本着迷的书，或在书店中站好几个小时，或提着一壶水在自己的房间里边喝茶边读书。这一情境在《中国出版传媒商报》记者的采访中也屡屡被读者提及。可见，读者对书店和图书的情怀仍在。

浙江人民美术出版社社长胡小罕在接受《中国出版传媒商报》记者采访时，力荐了自己心仪的书店——杭州晓风书屋。情意浓浓，留下了下面这三段话：

因为爱好驱使加之职业习惯，逛书店这件事根本无法停下来，非关忙闲，也非关荷包肥瘦。国内外我还有许多未到之处，而所到之处莫不曾经逛过书店买过书。我觉得书店是可以找回一点自我迷失的地方，也是能体悟到世界宁静一面的地方。这些年，在书店抛掷了我很多时间和银子，淘来的书却大部分杂陈四壁，只有小部分读了派上用场，但也不去管它。

杭州自南宋以来就是书的天堂，自己庆幸身处这样的天堂，尽管今天书业已经没有天堂。杭州晓风书屋现在声名日隆，店主夫妇已是民营书店的大咖，可我在他们还是青涩小情侣的时候，已经是店里的VIP了。我目睹20年来晓风的成长，而晓风似乎也目睹了我这位读者从一名公务员、文博工作者，直至投身书业的变迁。所以我深深体会，什么是一家好的书店。好的书店应该会参与到一些人的生活之中，读者与书店能互为见证一些经历。今天的晓风恰好在我家与单位的中途，我一周里会逛上两三次，一年下来不会少于百来次。单位那一头我做书，家里那一头我想着做书，中途时不时停下来看看书、买买书。书让我的生活变得越来越单纯，这样也没啥不好的！

晓风书屋吸引我以及无数爱书人，是因为它身上集中了理想书店的种种好处，而且它能持之以恒、日新月异。晓风不与新华书店争规模、比品种，但选书之精到、上架之及时、推介之殷勤，作者、读者、编者互动之活跃，都非常出色。人文、艺术、生活类的种种图书，根据店主的眼光、经验遴选整合后以一个恰当的规模呈现给大家，足以把同城大部分的爱书人一网打尽。晓风最懂得读书人的心，坚持突出书的主题，把所有的工夫都花到尽量让读者得到丰富细腻的照拂上来。我知道爱书人其实比较喜欢朴实无华的书店空间，记得店中几张粗陋而包浆深厚的板凳，还是晓风书屋草创时候的旧物，一直摆放到今天，却仍不妨碍书友们逛累了坐坐。朴厚的老板凳，仿佛让人看到了传统书店竭诚持守的影子。

二、压力重重

随着人工和房租成本的上涨，加之以亚马逊为首的网络书店的冲击，生存在网络书店与大型连锁书店夹缝中的独立书店，面临着“生存还是毁灭”的生存困境。2000—2004年，独立书店面临第一轮倒闭潮，有70%以上的独立书店转型、歇业甚至倒闭，比如，北京的“二酉堂”、广州的“树人”、合肥的“黑土地”、成都的“卡夫卡”等。但是因此次书店倒闭潮波及的范围不大，知名书店受到的影响较小，因此并未引起社会大众的广泛关注。而到了2008年，新一轮书店歇业倒闭潮来袭，2012年进入彻骨的寒冬期。短短几年之间，北京的第三极书店、风入松书店，上海的季风书园，厦门的光合作用书店，广州的三联书店，成都的弘文书局等经营10多年的具有文化地标标志的独立书店接连关闭。

曾有业内人士谈到，杭州民营书店很难做大。第一，面临租金压力。高昂的地租成为制约着国内实体书店生存和发展的重要因素。租金不断高涨，使之前位于市中心地段相对较好位置的民营书店移居相对偏僻的郊区或走向倒闭。民营书店的店面大部分为租赁，不断攀升的房租，成为其主要成本。有些地段的房租不是上涨几成，而是“翻跟斗”。杭州文史书店原本在文三路上，2006年，房东将店面租金从10万元涨到25万元，只得走为上计，将新店搬到杭大路，这里房租也是25万元，但是面积比文三路要大。但是，这个价格也要到期了。杭州晓风书屋体育场路分店仅房租每年就要40多万元，每年还以二成左右的幅度上涨。现在，有规模的民营书店危机感强烈，认为杭州民营书店如果能解决房租问题，几年之内的生存问题可能不会很大，但想做大却很难。而房租问题如果无法解决，可能会受到“灭顶之灾”。第二，来自网络书店对图书市场的竞争压力。网络书店的兴起伴随着我国互联网的发展。近年来，我国网民的总数已达1.3亿，56%的网民选择网上购书。一来民营图书行业客户分流，二来传统图书产业发展受到影响。特别是江浙沪地区经济发展迅速、物流业发达为网上书店的发展提供了极为便利的条件。第三，来自新华书店的竞争。浙江新华书店的强大实力，令民营书店发展更为艰难。但是新华书店虽然作为实体书店也渐渐受到网络书店发展的冲击，近几年来发行网点数量减少，但是新华书店营销方式的改革和创新、读者俱乐部、书吧等的建设，会进一步缩小民营书店未来的发展空间。第四，国民阅读率下降对民营书业的影响。现代社会图书市场的繁荣，使每年新增图书数以万计，读者面对种类繁多的图书，往往造成图书有效阅读的不足。并且伴随着网络等新兴媒体的出现和发展，人们的消费方式和消费观念正在逐步发生着变化，近年来我国网民的网上阅读率正在迅速增长。

三、突破重围

据调查，全国图书零售市场实体书店在2012—2013年前所未有地连续出现负增长。在此背景下，社会各界呼吁政府为独立书店提供一些政策扶持。2013年8月，财政部、国家新闻出版广电总局办公厅联合下发《关于开展实体书店扶持试点工作的通知》；同年12月，财政部、国家税务总局联合下发《关于延续宣传文化增值税和营业税优惠政策的通知》；2014年4月，由国家新闻出版广电总局和财政部联合召开的"实体书店发展推进会"，交流各地扶持实体书店的政策和经验；同年9月，财政部公布2014年年度文化产业发展专项资金拟支持项目，其扶持的55家实体书店中有多家知名独立书店，如北京雨枫书馆、杭州晓风书屋、广州学而优书店等。2014年，在各种利好政策的影响下，独立书店的发展形势逐渐回暖。开卷公司发布的《2014年上半年中国图书零售市场报告》显示，相比近两年图书零售市场的疲软状态，2014年上半年，全国实体书店图书零售市场同比增长率达4.22%，结束过去两年的负增长现象，止跌回稳。

2016年6月16日，中宣部、国家新闻出版广电总局、国家发展改革委、教育部、财政部、住房和城乡建设部、商务部、文化部、中国人民银行、国家税务总局、国家工商总局等11部门联合印发了《关于支持实体书店发展的指导意见》。《指导意见》指出，到2020年，要基本建立以大城市为中心、中小城市相配套、乡镇网点为延伸、贯通城乡的实体书店建设体系，形成大型书城、连锁书店、中小特色书店及社区便民书店、农村书店、校园书店等合理布局、协调发展的良性格局。

杭州晓风图书有限公司经理朱钰芳认为，这是一个推动和促进全国实体书店未来发展和繁荣的重要纲领性文件。这个文件出台很不容易，是中国书业历史上前所未有的。朱钰芳经理在全国实体书店发展推进会上做了以下发言（有删节）：

首先，《意见》很全面。晓风书屋有个对接的农民工子弟学校在杭州市郊，学校有6个班240个孩子，条件很简陋。结对的时间大约在5年前，学校没有图书馆，我用书店的两个旧书架给孩子们在教学楼楼梯下建了个漂流书架，首批约300本书，课余孩子们都坐在楼梯上看书。那年的期末，校长激动地对我说："朱老师，今年期末考试，孩子们的作文水平大大提高了，学校平均分在整个区里上升了3位。"离家不远有一家温馨的书店，让不在城市的孩子们有一个精神栖息地，与城里的孩子有同样的世界观，这太重要了。

其次，《意见》很专业。文中提及"规范图书市场秩序，完善图书市场价格管理机制，打击恶意打折、无序竞争行为，为实体书店发展营造公平有序的市场环境"。我认为这很切中要害，我平时最害怕听到读者说：这本书网上才几折几折，我在你们晓风买了十几年书了，才打个8折；书店是暴利，网上才卖三几折……读者不再信任你，这让我心如刀绞。

再次，《意见》为行业发展指明了前进方向，为当下民营实体书店的复苏和发展创造了良好的生态环境。从2013年开始，国家出台了实体书店免征增值税政策和中央财政对实体书店的奖励政策，社会各界舆论呼吁多方位支持，民营书店渐渐出现良好的态势。以杭州为例，仅2015年一年，就有8家外地书店通过和房地产配套合作、与大型商超配套合作、与景点景区产业配套合作等方式，跨区域来杭州开办连锁书店，而且这些新开的书店业态组合丰富多彩，市场化运作得可圈可点，彰显了实体书店在城市文化发展中的魅力，让人们看到了新型实体书店的发展趋势。

这三年在国家新闻出版广电总局、浙江省新闻出版广电局的帮助引导下，晓风增开了特色门店4家，一家开在了浙报传媒大楼一楼大厅，连同咖啡馆变成了报社编辑、记者午间休闲、会客的文化客厅；一家开在杭州百年老饭店新新饭店的附楼，面朝西湖，复原百年前老饭店的藏书室；一家开在文创园区主街道，书店＋咖啡＋小型展览空间成了文创街区的汇聚站；还有一家是去年下半年晓风入驻浙江省人民医院的医院书店，被媒体誉为最美"点滴"阅读时间，得到了包括中央电视台《新闻1＋1》在内的近百家媒体的宣传报道。书店开进大医院，让医生舒缓了下来，让病人也少些焦躁，双职医生的孩子们放学守在书店等候父母，透过书窗看到白大褂在书店的情景让许多人感动。

2015年初，在得到省局的支持后，晓风书屋联系浙江文化名人丰子恺先生的幼女，配合浙江书展，开展了一年一个主题的“浙江文化名人推广活动”，举办了讲座、论坛、展览及漫画大赛、文创衍生产品的研发……延展一整年的文化推广活动20余场，让33万杭城市民亲近、了解了这位民国杭州名人。在系列活动开展的同时，文创衍生产品的多元经营，为书店带来了品质提升、读者凝聚力及良好的经济回报，文化衍生品在书店卖火了。特色书店的品牌价值是认真对待每一个细节，有品质，得到认可了，不求这一天能有多少利润，更希望的是细水长流地经营下去。

四、重拾信心

晓风书屋在2014年彻底火了！李克强总理到访，翻了两本书，杨绛的《洗澡》和朴槿惠的《绝望锻炼了我》。这是创始人朱钰芳这辈子都难以忘怀的6分钟，她记得当时的每一个画面，以及总理所说的每一句话。这一切，深深烙印在她的脑海中。总理走后，朱钰芳的生活并没有发生太大的变化，依旧忙碌奔波于杭城的12家书店，会一拨拨的读书朋友，办一场场的读书活动。但在这背后，总有一些变化悄然发生。“重拾信心了!”朱钰芳对《每日商报》记者坦言。近几年，民营实体书店的日子并不好过，朱钰芳不否认晓风书屋或多或少也受些影响，她也在寻求“改变”，却始终坚持以“书”为中心。她说，20年来，自己的事业从没绕开“书”，心底也坚持一个不变的梦想：做一家纯粹的书屋，打造读书人的一处“精神栖息地”。

2014年11月21日上午，李克强总理来到晓风书屋运河店。回忆那短短的6分钟，朱钰芳仍会有些激动：“总理居然会关注我们民营实体书店这么一个不起眼的业态，太振奋人心了!”总理走后，朱钰芳总结，这次到访对自己来说，最大的变化就是“重拾了经营实体书店的信心”。在电子商务的冲击下，民营实体书店的日子并不好过。尽管晓风书屋的发展势头不错——去年甚至新开了一家书店，但朱钰芳坦言，销售额与往年几近持平，而因为成本的上涨，利润仍有所下滑，“日子过得并不轻松”。

她向记者描述了店里偶尔会出现的一幕——读者前来购书，付钱的时候会突然冒出一句“为什么网上能打四折、五折等折扣，你们只能打八五折，有些甚至是原价销售?”虽然读者最终还是捧着书付了钱，但朱钰芳却从他们的口中听出了一丝丝抱怨。

"其实,卖书真不是暴利行为,我们从出版社拿书,本身折扣就不低,再加上晓风书屋就是纯粹卖书,不像一些网上书城,可以穿插其他的盈利渠道,甚至于他们可以卖书不赚钱,只为赢得更多的客户。"在朱钰芳眼中,两者并无好坏之分,只是很多时候用心做了,仍得不到认可,内心有些委屈。

显然,总理的那句"纸质书永远会有市场的,是文化的象征",对朱钰芳来说,是一颗定心丸。"所以我一直在调整自己的心态,做好开书店这件简单有意义的事情,立志把晓风书屋打造成杭州的'文化客厅'。"朱钰芳笑着对《每日商报》记者说。

五、"阅读"儿童

晓风书屋特别注重对儿童阅读习惯的培养。小小的圆桌、低矮的板凳、彩色的糖果——在杭州松木场晓风书屋一角,许多小朋友坐在小凳上、矮桌旁,伴随着柔和的音乐,开始了有趣的"小板凳阅读"。开设"小板凳阅读"的角落,最早是晓风书屋给带孩子来买书的大人提供暂时"存放"孩子的地方,后来逐渐发展成杭城小有名气的"儿童阅读角"。朱钰芳说,有一次,她带女儿去看电影,不禁被影院里面一间充满童真的儿童书屋所吸引,于是就把它"克隆"到自己的书店一角。一年 365 天,从早晨 8 点半到晚上 10 点半,书店的"小板凳"都向孩子们无偿开放。下了课,爸妈还没回家,附近保俶塔实验小学的学生,就会穿过马路来到晓风书屋。慢慢地,这里也变成了一个"托儿所",特别是寒暑假,很多孩子都来这坐在小板凳上翻书。许多孩子的童年伴随着"小板凳阅读"一起成长。西湖小学学生谢小雨在作文中写道:"'小板凳阅读'把非常奇异的想象力、非常美妙的心愿、非常善意的爱惜……放到我的脑子里。"

晓风书屋店内专门设有不同文化题材的专区,如古籍、古玩类图书。同时开辟了专为儿童服务的儿童套间。除了提供小朋友们喜爱的书籍,还有相当数量的寓教于乐的玩具等,可以让孩子在快乐中读书。每每看到晓风书屋的每个角落都挤满了读书人,朱钰芳便生出由衷的自豪感。一直以来,晓风书屋的书籍定位以文艺、社科、财经等为主,然而这两年,无论在读书活动的策划上,还是在书籍的推荐上,朱钰芳都有意识地关注孩子这一群体。在她看来,读纸质书这一习惯想要传承,培养孩子的读书习惯非常重要。2012 年,朱钰芳开始在杭州各大学校之中打造自己的"乌托邦书屋"

计划。“很多人内心深处都有这样一个梦想，开一家书店，或者咖啡店，或者花店。‘乌托邦书屋’要做的就是请孩子们来当一天的书店老板。”她说。想要当书店老板可不容易，朱钰芳说，在这之前，孩子们得先到晓风书屋接受培训。培训结束后，由孩子们自行制定书店的风格、确定店招牌，随后带领他们到晓风书屋的20万藏书库选择100—200本相关书籍，最终制定“书店开张日”，到学校卖书。

六、成为地标

什么样的城市，便有什么样的独立书店，它是一座城市里独有的文化空间。或者也可以说，有什么样的独立书店，便有什么样的城市。各具特色的独立书店为城市打上了鲜明的烙印。很多知名的独立书店已然成为一个城市的文化名片，一处读书人的精神家园，一座城市的窗口。比如，台湾诚品书店被称为台北的文化地标、季风书园是上海知识分子心中的文化地标，北京的单向街书店是其文化地标之一，此外还有南京的先锋书店、杭州的晓风书屋、南昌的青苑书店等。这些文化地标书店通过日积月累的文化活动不断传播城市的文化精神。随着书店知名度的提高，人以店聚的可能性逐渐超越以往的人以书聚。许多地标书店因此成了旅游观光的景点，不仅创造了营收、维持了经营者的理想，也增添了地标书店所处城市的人文气氛，逐渐形成了一个城市的特征，也为其吸引了源源不绝文化艺术潮流、思想的碰撞，提高了城市的精神文化品位并丰富着其风格。

晓风书屋的老板朱钰芳曾经有个梦想，让自己开的书店成为文化地标，“这实在是件令人骄傲的事”。的确，这就好像让人想起巴黎塞纳河畔，虽小而不起眼却被巴黎人视为宝贝的莎士比亚书店一样。

在晓风书屋的角落总能找到丰子恺的漫画。有时候是高耸的书架墙上的一列小画，有时候是收银台前几本插画小本，有时候是几套干净的书签。如果有心，会发现“晓风书屋”牌一旁，也有丰子恺的漫画：两个小孩，坐在榻上玩。朱钰芳接受《杭州》杂志访谈时说：“太喜欢丰子恺，所以当年托朋友找到了丰子恺的女儿丰一吟，想用这幅漫画。老太太很爽快，说拿去吧。还亲手画了一张给我，这张画一直挂在体育场店里。”最开始，晓风书屋还只是家不足25平方米的小书店，在保俶路和省府路口的一个临时建筑里。21岁的朱钰芳守着这个小店，就像守着一个婴儿，有顾客在店里，就不关门，有时候会守到半夜12点多。3年后保俶路拆迁，有个朋友给朱钰芳介绍了体育场路。1999年开始，晓风总店就搬到了现在的位置上。

这之后，总店又扩建了3次，有了现在200平方米的规模。从2005年起，晓风书屋陆续在大学、美术馆边开出了5家店。在特色书店普遍都在奋力不亏的情况下，杭州晓风书屋一直维持着稳定的销售业绩。晓风书屋的分店各具特色，如明珠点缀在杭州的文化版图上，高校中有浙江大学紫金港店、浙江大学西溪店、浙江工商大学店和浙江科技学院店；景区中有河坊街店、拱宸桥西运河店和新新饭店分店；专业性较强的有浙江美术馆分店和浙江日报传媒大楼分店。

每年晓风书屋还会举办数百场文化活动，如书友会、展览、讲座、图书分享会等，活动中可谓妙语连珠、异彩纷呈。如果碰上书店搞活动，比如请名人来签名售书，那还要卖得多些。晓风书屋不光卖书，更有诱惑力的是文学沙龙，文学沙龙让这里成为一个读书俱乐部。至今，这里已经筹划了100多场读书会、文学讲座、展览、漂书等和书有关的活动。要与大型的新华书店比拼，必须有自己的范儿，陈丹青、麦家、赖声川、白先勇、刘震云、叶兆言、欧阳应霁……座上客一茬接一茬。这些年来杭州的文人，已经逐渐养成了一个习惯——在晓风书屋和杭州的读者们见见面、聊聊天、喝喝茶。

作为文化行业，晓风书屋在微信平台传播资讯内容，在保证每日信息差异化、多样化的同时，每次推送的内容都保持着自身品牌宣传的连续性和风格特点的一致性，通过微信持续推送的方式固化微信用户心中书店的品牌形象。目前晓风书屋通过微信公众平台，定期推送到微信用户中的特色栏目信息有“晓·阅读”“晓·文艺”“晓·视频”“晓·诗”。这些特色栏目能让读者清晰地认知书店的品牌定位和品牌特色，在给读者留下深刻印象的同时吸引读者持续关注同类话题。如今，为出版社、高校和美术馆配套的晓风书屋一直坚持着古典书香的经营路线，将晓风书屋打造成百年老店，朱钰芳走在梦想的路上。

晓风取得今天这样的成绩，作为一家独立书店能成为杭州的地标和杭城文化产业的领跑者，与朱钰芳的悉心经营一定是分不开的。那么，那她到底有什么独特的经营理念呢？朱钰芳的回答非常低调、朴实：“我原先也并没有把书店经营当成是积累财富的途径，我只是想着自己开一家小书店，能够养活自己。当然这个过程中我也很快乐，因为能够结识到很多很多的朋友，就像我们自己家的客厅一样，所以也没有想着书店要有太多物质上的回报。坚持了这么多年，再回头看看，却发现书店已经很少了。很多书店的经营者都比我聪明、比我能干，却已经退出了这个行业。其实不是我聪明能干超越了同行业的经营者，只是说我还很‘迂’地在做这一行，而别人却已经转行了，比如有开茶馆、开公司、玩设计的朋友，虽然还有人从事图书出版，但已经因为成本的缘故不再经营实体书店。现在回头看看，同道中人已经很少了，想想还是蛮凄凉的。今年是我经营晓风的第 20 个年头，越来越觉得这是一件很有意义的事情，更多时候我觉得自己不是一个单纯的商家，而是引导读者品位的文化商。书店本身有自己的思想，也就会聚集一批有思想的人，从晓风经营到现在，很难想象我有几千位非常忠实的老顾客，当年的中学生如今已为人父为人母，会带着孩子到晓风来看书，晓风的成长与他们的成长紧紧联系在一起，已经成为他们生活中不可或缺的一部分。”

用文化创新旅游模式——宋城

宋城位于浙江省杭州西湖风景区西南，北依五云山，南濒钱塘江。杭州宋城景区是在1996年5月18日建成开园的，是浙江省第一家主题公园和中国最大的宋文化主题公园。作为首批国家文化产业示范基地，其经营理念是"建筑为形，文化为魂"。

自1996年至今已走过20年，正是中国旅游消费从萌芽到快速发展的20年。自建成开园，宋城获得市级、省级、国家级各项荣誉不胜枚举，硕果累累。2003年，浙江省旅游协会授予宋城"浙江省旅游消费推荐单位"称号；2004年，国家文化部授予"文化产业示范基地"称号；2009年9月，中共中央宣传部授予第十一届精神文明建设"五个一工程"(2007—2009)奖；2010年3月，中华人民共和国旅游局授予"全国首批旅游人才开发示范试点单位"称号；2011年11月，国家文化部授予"十家最具影响力国家文化产业示范基地"称号；2012年9月，中共中央宣传部、文化部授予"国家广播电影电视总局、新闻出版总署全国文化体制改革工作先进单位"……这些荣誉充分肯定了宋城在文化旅游领域获得的令人瞩目的成绩，同时确立了宋城在主题公园的旅游秀演方面的龙头地位。

一、缘起《清明上河图》

宋城的创始人是被誉为"休闲王"的浙籍商人黄巧灵。1994年，36岁的黄巧灵带着100多万元来到杭州，在华东最大的工艺品商场天工艺苑参观了一整天《清明上河图》模型。当夜，天工艺苑发生了杭州解放后最大的一场火灾，《清明上河图》模型被烧成了灰烬。"宋城"构思在黄巧灵心目中成型——在他看来，杭州历史上最值得回首、值得回忆的事情是南宋，那是中国历史上一个很繁华的年代，特别是经济、文化、艺术，虽然从军事上来说它是不强大的，但实际上那个年代在文化艺术上还是非常先进的。

1996年，38岁的黄巧灵关于“宋城”可行性报告的研究获得了政府、银行、各投资商的信任（杭州每年有上千万的游客，杭州西湖有非常强大的旅游吸引力，但是因为西湖不好随便乱动，它需要有一些像宋城一样的主题公园去补充，它们两者之间是相辅相成的），共集资1.8亿元建成“宋城”主题公园。1999年，宋城投资收回。

2004年，《宋城千古情》实景演出获得巨大成功，其收入已经超过景区的收入，成为杭州文化生活的一大亮点，本地人以请外地的朋友看演出为最大面子，外地人以到杭州看演出为最大幸事。宋城景区100亩地，但是《宋城千古情》一台节目1年就有160万人来看，景区的人数是120万人，已经超过白天旅游的人，1天要演出3场，每场2000多个位置，座无虚席，它不仅给公司带来了很大的利润，同时，每年也给杭州的旅行社带来了七八千万元的利益，更重要的是，在160万人里面，有50万人本来是不会留宿在杭州的，就是因为这台节目，他们留下来了，这些人的到来为杭州旅游带来的效益是巨大的。

二、定位于“文化旅游”

宋城是两宋文化在西子湖畔的自然融合，也为杭州宋文化旅游奠定了基调。主要景点包括怪街、佛山、市井街、宋城河、千年古樟、城楼广场、文化广场、聊斋惊魂等。景区内斗拱飞檐，车水马龙，还原了宋代都市风貌。宋城是中国非物质文化遗产集聚地，主要活动包括王员外家小姐抛绣球招婿表演、新春庙会、火把节、泼水节、桂花节等大节庆活动，大型歌舞《宋城千古情》等。

宋城旅游景区的建设运用了现实主义、浪漫主义、功能主义相结合的造园手法，源于历史、高于历史，依据宋代杰出画家张择端的《清明上河图》画卷，严格按照宋代营造法式再现了宋代都市的繁华景象。在景观上创造了一个有层次、有韵味、有节奏、有历史深沉感的游历空间。在中国传统山水园林艺术手法基础上，吸取了西方开朗、飘逸、注重功能的艺术处理手法，使之既有《清明上河图》再现区的古朴、凝重、严谨，九龙广场、城楼广场、宋块广场轴线式大人流的集散功能，又有景观的包容性和冲击力。斗拱飞檐，车水马龙，渗透出一幅浓郁的古宋风情。规模宏大的瀛州飞瀑，营造出一个疑幻似真的传奇氛围，使宋城融进了一股生命的动感，构成了一幅"宋城之水天上来"的奇景。

旅游业是众所周知的投资大、风险高、回收慢的行业，但宋城不仅取得了良好的投资回报，而且在短短的几年中迅速扩张，成为中国最大的民营旅游投资开发集团。宋城的快速发展，被一些人称为"宋城速度"，但宋城集团投资的每一个项目几乎都是反对者多，赞同者少。当宋城集团总裁黄巧灵投资宋城景区时，正是中国主题公园一片萧条之时，全国各地在主题公园上被套住了5000亿元投资，许多人认为在杭州这样的历史文化名城开发建设人造景观，是造假古董，前景堪忧。宋城投资杭州乐园时，当时公司内外的人普遍不看好，认为到毫无旅游资源的萧山的一片砖瓦厂，圈几千亩地，必死无疑。但最后，宋城与杭州乐园都获得了巨大成功。成功的奥秘在于"文化旅游"的魅力。黄巧灵说，他有很多外国的朋友，公司跟国外的交往也很多，很多东西经过公司的提炼加上我们中国人的文化和理解，它会有不一样的感受，就像我们在洛杉矶看见中国剧院有点中国的味道，它把老外的感受也融合进去了。世界的文明、世界的建筑文化和财富是人类共享的，并不是说老外是老外的，中国的就是中国的，它是可以互相吸取的，融入自己的元素的话，是能够理解的，是可以相通的。

文化是宋城的灵魂，它在表现自然山水美、园林建筑美、民俗风情美、社会人文美、文化艺术美上做了自己的探索。它模糊了时空概念，缩短了时空距离。宋城是我们对中国古代文化的一种追忆与表述，它应该成为一座寓教于乐的历史之城。

三、着眼于"特色休闲"

作为中国最大的民营旅游投资企业之一，宋城集团一直以来就是中国先进休闲理念的倡导者和大型休闲社区开发的实践者。2008年4月，时任杭州市委书记的王国平在调研宋城集团休博园时指出，面对国际旅游综合体时代的严峻挑战，市、区两级党委和政府必须加快建设一批集观光、休闲、会展、美食、演艺、运动于一体，规模大、功能全、品质高、环境优、服务好的国际旅游综合体。而以旅游休闲业为主业的宋城集团，正好结合了杭州建设生活品质之城、主打休闲产业品牌的城市发展理念，在杭州打造生活品质之城的过程中获得了广阔的发展机遇。

宋城景区和《宋城千古情》这种主题公园结合文化演艺的经营模式在众人的疑惑中获得了空前的成功，黄巧灵用事实改写了主题公园的行业宿命。宋城的成功还有力地推动了杭州旅游产业升级，将杭州城市的旅游半径从西湖沿线一下子扩张到了钱塘江边，同时也迅速引起了业界和政府的高度关注。黄巧灵说："企业家的责任感，就是要创造性地做自己的事，有个性地做自己的事，创造出第一，为后来者开辟新的空间，这个过程充满风险和挑战，这就是一个企业家之所以成为有责任感的企业家的原因……"也许正是因为这样不断创新的高瞻远瞩，使之成为国内休闲产业领域真正的先锋。

旅游的目的是体验和自己所生活的地域空间存在的差异化，包括地理环境、历史文化、人文风情等内容，《宋城千古情》就是用艺术的手法对杭州这座城市的历史、人文高度概括的一个产品，"给我一天、还你千年"就是最完美的表达。由于这台演出符合来到杭州的游客的消费需求，逐步成为杭州这座城市的标志性演出，来到杭州必看《宋城千古情》，游客白天所游览的西湖、断桥、雷峰塔、岳庙、万松书院都成了《宋城千古情》的预演厅，游客通过这台演出，更加深了对杭州的了解与认识。

四、立足于变革创新

没有创新就难以"自主"，宋城集团的核心竞争力在于不断的变革创新。宋城集团"旅游＋演艺"主题公园开发模式的实践证明，宋城领导团队对创新理念的理解独到而深刻。

作为国内最大的宋文化主题公园的杭州宋城景区，在短短几年内就收回了全部投资，这与宋城集团创新经营有着很重要的内在关联。文化演出与旅游的结合，既丰富了旅游产品的内容和内涵，又实现了游客不同需求的同步满足。杭州旅游资源丰富，历史文化积淀深厚，但杭州夜游娱乐业并不发达。宋城集团把握住了这一历史机遇，创作出《宋城千古情》，一台 300 多人共同参演、365 天每天上演从不间断的大型歌舞剧，依托杭州每年 3200 万人次的境内和 150 万人次的境外游客市场规模。《宋城千古情》一经推出，彻底激活了沉寂多年的杭州夜游市场。据统计，《宋城千古情》从开演至今已累计接待观众超过 1200 万人次，为观看《宋城千古情》演出而留宿杭州的游客就每年平均净增 50 万人次。随着大型歌舞剧的不断创新，游客数量的增加很好地填充了杭州夜游娱乐市场，实现了经济效益和社会效益的双丰收。

在多年矢志不渝推动休闲理念传播和参与休闲事业发展的过程中，黄巧灵不仅赢得了承办休博会的伟大成功，他还取得了关于休闲经济——四天工作制研究的理论硕果。2005 年，他的一部被称为“中国首次探讨四天工作制的企业家报告”的学术专著——《休闲改变中国》由上海人民出版社出版。在这本书里，黄巧灵以一个企业家的角度，探索中国改革开放 30 周年来持续高速发展所面临的挑战。他指出，四天工作制是推动休闲经济快速发展的最有效的政策工具之一，对促进就业、转变经济增长方式、优化产业结构乃至减少犯罪和推动社会主义和谐社会建设都有着重要的战略意义。他甚至认为，五天工作制拉动了我国的第三产业，四天工作制将引爆休闲经济，催生“第四产业”。这本书对于黄巧灵以及他所专注的休闲经济的影响，原美国总统顾问、美国国家休闲研究院主席杰弗瑞·戈比的评语恰如其分地给出了定位：“黄巧灵先生所从事的具有中国特色的休闲理论研究和休博园伟大的城市休闲项目的实践，对中国乃至世界休闲事业都会产生非常积极的影响，他的努力，将帮助他成为中国休闲理论研究普及和休闲产业实践探索两方面都做出突出贡献的第一人。”虽然，黄巧灵提出的四天工作制还不具备现实操作性，但是提出的创新性休闲理念还是得到了业界的广泛好评。

五、扬名于文化演出

《宋城千古情》演出已经公演 16000 多场，接待观众 4000 多万(2014 年数据)，宋城靠一台演出成功上市，这台演出成为中国乃至世界上最赚钱的演出之一。《宋城千古情》属于文化艺术行业，宋城景区属于旅游行业，宋城开园伊始，《宋城千古情》是搭乘景区的车，演出是露天的，并且免费看，游客只知道有宋城而不知道有《宋城千古情》。随着旅游形态的变化，随着国家重视和支持文化产业的发展，宋城的决策者打算把《宋城千古情》作为景区收入的增长点，通过建设大剧院和《宋城千古情》不断升级改版，使《宋城千古情》几年内迅速赢得了市场地位，直到现在，很多人知道有《宋城千古情》也知道有宋城，宋城景区和演出互相搭车发展成为旅游和文化艺术行业的典范。

《宋城千古情》从艺术形式上说，它是歌舞、杂技、影视特技、武术、模特走秀等艺术形式和高科技舞台美术相结合的混搭艺术作品；从剧种上说，它是舞蹈诗、歌舞剧、影视剧、实景剧等集于一体的混搭剧种；从演出内容上讲，它是杭州历史文化、民间传说、世界民族歌舞文化集于一体的混搭大戏；从演出观赏效果上讲，它是知识性、娱乐性、艺术性的混搭文化演出；从人的生理上讲，它是完美调动人的视觉、听觉、触觉进行刺激体验的混搭体验活动；从社会经济现象上讲，它是旅游和文化相结合的混搭经济载体。总之，它是一台雅俗共赏的惊世之作，人人看了都说好的饕餮大餐。

《宋城千古情》市场起步开始主要靠旅行社组团市场，一是产品好；二是填补了杭州行程夜游的空白；三是有较高的经济效益，关键是游客得到了消费满足。导游加点可以牛到这种程度，自己先掏腰包买票，然后让游客看完后自愿给钱，游客看了都镇住了，太好了！没有不给钱的，世界上还有哪台演出达到了如此牛的地步？

每个产品都希望卖给终端客户，减少中间商环节。宋城这些年一直都在努力，来过杭州的游客都知道，只要你踏上杭州这片土地，宋城的广告会无处不在，在机场路灯杆道旗上、在路边高炮广告上、在繁华街区的墙面上、在公交车上、在酒店大堂资料架上、在高楼电梯视频里、在茶楼酒肆的吧台上，甚至在社区和超市的广告栏里都有《宋城千古情》广告，这种见缝插针式的广告给宋城带来了客源，更带来了宋城发展的蓬勃气势。

世界上很多旅游演出都把外地游客奉为上帝，却小看了当地居民，而宋城却有不同看法，宋城把杭州几百万居民都看成了自己的促销员。因为，每个家庭都会来外地贵客，接待客人的地方一般都在客厅，而会客空闲时首选就是打开客厅电视机，宋城好比是杭州居民的会客厅，《宋城千古情》好比是客厅里的电视机，首先杭州当地居民都搞定了，他家里来客后自然就会把客人领进会客厅里来，当然，也会看电视了！所以，宋城搞过“杭州社区百万家庭看《宋城千古情》”“当地居民游宋城活动月”等一系列惠民活动，使这台演出在杭州家喻户晓。

随着互联网时代的到来，宋城的决策者们一致认为网络营销十分重要。最初，黄巧灵曾经因为广告部花不完网络营销给的预算而生气过，自己也曾经没日没夜找人学习网络知识，后来，干脆成立团队自己开发搞电子营销，宋城除了有自己非常吸引人的官网外，又成立了“独木桥网络科技有限公司”，由总裁亲自挂帅开展工作，使《宋城千古情》网络销售逐步占据市场一片江山。

宋城的决策者们很善于做事件营销。最早在2003年“非典”之前，《宋城千古情》的市场并不太火爆，可“非典”之后却产生了裂变，为什么呢？在“非典”来临之际，中国旅游业遭受重创，谁也不知道结果会有多惨。当时，《宋城千古情》被迫停演，演员发路费放假回家，这时，宋城已经谈不上有收入了。在这种艰难情况下，黄总毅然为旅行社捐助100万元吃饭钱，并搞了一个“放天灯祈福仪式”，这种雪中送炭的义举感动了各大旅行社，当“非典”过后，旅行社能不推你的演出吗？《宋城千古情》成功的事件营销还有张纪中版电视剧《神雕侠侣》开播仪式，社会各界《宋城千古情》改版研讨会，中国七艺节展演，赞助“华东导游大会”免费使用大剧院等。

宋城最初是按照《清明上河图》建造的，为何这幅画在历史上会影响巨大，是因为张择端把看到和体验到的汴京城画了出来，分享给了当时和后来的人；为何大家都喜欢关注新闻报道，是因为记者可以把看到和体验到的情况通过拍摄分享给了不在场的人。“体验与分享”是传播信息的客观需求，更是体验式旅游发展的趋势特征。

世界上很多演出都禁止游客拍照，哪怕是游客一万分希望拍一下，也都被拒之千里，更可恨的是拍了被发现后，保安要你删除照片，我不想知道这些演出有何理由这样对待他的上帝，我只想说，你这样做违背了社会客观规律。而在宋城大剧院看《宋城千古情》，游客只要喜欢可以随便拍。你想想，这些照片都被大家分享到了博客、微博、微信、QQ群……宋城一天演3场，1万个游客，每个游客互联网群里少说也有100人，那么，很可能就有几十万人都分享了《宋城千古情》演出的照片或视频，这是多大的广告效应啊？这只是宋城“互联网思维”的冰山一角。宋城近期还提出了“线上线下互动”的发展目标，并成立了娱乐公司，专门在互联网上做文章。

《宋城千古情》演出已经成为宋城发展的核心竞争力，团队创作和管理经过十几年探索已经十分成熟，建立了稳妥的管理机制。总导演和艺术团长就是黄巧灵本人，他用慈父般的关爱呵护着艺术团每个演员的精神家园，他用教授带学生一样的严谨关注着大家的成长，他用战略家的智慧指导着宋城演艺前进的方向。

六、注重人才培养

人才是企业发展的重要保障。宋城股份作为中国文化演艺第一股，在开创着诸多行业奇迹的同时，其独特的旅游和文化演艺人才培养机制也正成为行业人才开发的模范，创新着旅游人才培养的方式。

宋城高度重视人才规划工作，全面系统地构建起旅游人才开发体系。2010 年，在获得国家旅游局颁发的"首批全国旅游人才开发示范试点基地"的基础上，经公司高层领导商讨，成立人才开发工作领导小组。领导小组由执行总裁亲自挂帅，股份公司分管副总裁和股份公司人力资源总监担任副组长，由各分公司总经理及艺术团管理人员担任组员。

经过多年的磨合，宋城制定了具备市场竞争力的一整套激励机制和内部人才竞争选拔机制。但是，仍然面临景区综合管理、创作、表演和市场推广等专业人才相对稀缺的发展瓶颈，而企业内部培养为解决此类问题提供了一条最佳途径：根据宋城的发展战略，景区管理人才是企业发展的核心，公司进一步开发特色岗位，提高演艺管理，推进旅游景区管理人才建设。以企业内部选拔培养为主，通过挂职锻炼、重点岗位轮岗、外派培训等方法，加速人才的成长。同时，进一步加强对财务、市场等专业知识方面进行有针对性的培训，以强化景区各级管理人员的全方位管理才能。到 2015 年，已实现基本满足现代旅游企业经营管理的需要。

同时，公司把加速培养造就大批创意人员，当成提升《宋城千古情》系列文化演艺项目品位的长远战略。宋城拥有一批相对稳定、配合默契的创作集体，公司认为精品的形成与一支自身能力强、艺术素质高的艺术生产队伍及从业者的整体素质和高水平的创作是分不开的。作为民营资质的企业，市场推广是取得成功的关键要素。针对行业现状，公司以"内部培养与外部引进相结合"的方式，建立起人才培养薪酬管理制度，为提高景区各业务板块的服务质量，激励员工不断提高业务水平。

七、推广宋城模式

“主题公园＋旅游文化演艺”具有很强的复制拓展潜力。考虑到我国主题公园和旅游文化演艺市场拥有巨大的市场潜力，其中，主题公园的人均消费水平 3.5—12.3 美元，远低于北美地区的 30 美元；旅游文化演艺则受益于游客不断提高的个性化旅游需求和精神文化娱乐要求未来面临快速的发展。在一个公园＋一台演出的基础上，宋城景区通过景区门票、演艺票及物业租赁取得收益。在门票方面，通过与旅行社合作吸引来杭州的游客观赏，通过收取游客的门票费用赚取利润。

自 2013 年 1 月 1 日起，宋城景区实行景区入园和《宋城千古情》一票制票价体系，景区入园观演普通票价统一调整为 280 元/人，提价幅度为 20 元/人。由于宋城景区的游客主要是团队游客，如 2014 年上半年游客中 75％是团队游客，而团队游客基本都观看演出，剩余的散客中 50％左右的游客也都购买联票。实行一票制后，以 2014 年春节假期为例，散客流失非常少，宋城收入增长了 40％，人次增长了 15％左右，且一票制之后几乎全部游客都观看了演出，观演比例从同期的 70.55％大幅提高至 99.99％。

《宋城千古情》以杭州的历史典故、神话传说为基点，集世界歌舞、杂技艺术于一体，运用了现代高科技手段营造如梦似幻的意境，给人以强烈的视觉震撼。这是民营企业打造的舞台精品，该剧不借助明星效应，以其特色成为宋城的特色产品。在宋城，文化的发掘和策划很到位，是一种主题文化的提纯和生活情趣的演绎，每一立方米都有给人以足够的旅游信息和文化浓度，让人流连忘返，吸引游客重复性消费，而不是一次性消费。

以主题公园为载体，文化演艺创作能力和营销网络成就核心竞争力：文化演艺创作能力造就宋城的特色产品，优秀的营销网络产生了 17 家营销办事处及 2400 多家签约旅行社。营销方面，宋城针对团客市场和散客采取对应的营销模式。

随着宋城演艺在杭州本部的成功运营，其跨区域扩张也被日益提上日程。目前，宋城演艺通过异地复制，形成了杭州宋城旅游区、三亚宋城旅游区、丽江宋城旅游区、九寨沟宋城旅游区等十大旅游区、三十大主题公园，宋城千古情、三亚千古情、丽江千古情、九寨沟千古情、惊天烈焰、穿越快闪等五十大演艺秀，以及中国演艺谷等数十个文化项目。

早在2012年，宋城演艺开始了异地一线旅游目的地城市的战略布局，例如三亚、丽江等地。三亚宋城旅游区是宋城演艺“主题公园＋文艺演出”战略模式落地的第一个异地项目，主题公园于2013年9月15日推出，其千古情演出于2013年9月25日首演。其演出主要针对团队游客，是一项中高端演艺项目。

随着国家对住宅市场的调控，旅游地产趋热，迎来了发展的良机。但研究人士提醒，“现在经常出现一个情况，有个新题材出来，大家一窝蜂而上，但退潮来得也很快，生命力并不强。”虽然宋城在演艺节目的题材、开发、设计上，相对与众不同，但这能否成为其旅游产业的核心竞争力，还需要时间去验证。而延伸文化产业链则是宋城演艺当下必须考量的问题。

宋城演艺的发展，基本上有三个阶段：第一个阶段就是以杭州为大本营，将演艺和旅游资源相结合的一种自发性的模式。第二个阶段是演艺特征占主导，主要在一些旅游资源丰富，且土地资源相对低廉的中西部三、四线城市开拓，进而获得较大的品牌复制能力。第三个阶段是扮演一个战略投资者的角色，入股一些文化产业公司，这能够减少对土地资源等过多依赖。

继2013年12月宋城演艺参股大盛国际后，2014年3月24日发布公告投资1100万元与海润影视共同投拍电视剧《玻璃鞋》，并约定以固定回报的方式获益。《玻璃鞋》男女主角分别为当红偶像陈晓、周冬雨。该剧已于2014年3月底开机，并于2015年播出。此次以合作投资方式涉足电视剧内容领域，是宋城演艺影视拓展战略的又一尝试，以投资为手段，探索旅游、演艺、影视娱乐的融合，进一步延伸文化产业链。

除了进军影视行业，还打造了“中国演艺谷”。2014年3月26日，经过1年多的建设和筹划，中国演艺谷正式开谷。该演艺谷综合演艺街区紧邻杭州宋城景区，占地约40亩，拥有5个大小剧院同时可容纳约10000人入座、配有8个影厅可供1200人同时观看，13个剧院适合演唱会、实验话剧等多种不同形式的艺术表演。在剧场群周边还有李玉刚工作室、韩立勋红酒馆、电影院、个性商业、肯德基及汝拉小镇等知名餐饮和1500间客房的主要酒店配套设施，截至2013年年底签约租金已超过1000万元。

通过采用百老汇商业模式，宋城演艺在国内开创了演艺集群的概念。未来，宋城演艺有望启动中国演艺谷在北京、上海等一线城市的复制，形成旅游演艺业务之外的又一增长极。研究人士表示，一线城市的进入门槛相对较高，前期投入的成本较大，能否实现需要充足的资金资源。

在产业链延伸方面，收购将是其最主要的方式。宋城演艺自身就是线下平台型的公司。因此，其看重的收购标的要么是有相似的基因，要么是互补型的公司。未来收购的标的包括两个方向，一是内容类的公司，且可以与宋城演艺产生良好的协同效应的标的；二是线上具备互联网思路的平台化公司。借助在文化演艺行业的丰富经验和独特的竞争优势，宋城演艺积极延伸文化产业链，布局影视行业等领域，其未来的成长性比较明确，而异地复制项目则是考量上市公司成长性的重要参照物。

八、紧扣时代脉搏

“给我一天，还你千年”一句话蕴含了宋城之“魂”，回忆历史，见证历史。在历史文化土壤中寻找艺术之花，在现实生活细节中还原感染力量。每一部千古情，凝结着宋城演艺创作人员一次次采风的汗水，从当地丰富的文化元素和群众生活中找寻创作的灵感，一次次尝试传统文化现代表达，民族元素世界表达，用艺术的手段去唤醒人们真善美的基因。

看过《九寨沟千古情》的观众，可能还会有印象：解放军从天而降，洪水中，他们用身体搭起一座“人桥”。创作《九寨沟千古情》时，当地曾建议说不要表现地震回忆，不想再揭那个伤疤。然而当编创团队深入到汶川采风的时候，强烈地感受到人们并没有忘记那段历史，用心编创出《大爱无疆》一场，艺术再现那场伟大的抗震救灾。不少观众看完这一幕感动地说：“你们用生动真切的舞台艺术，让我们再次感受到人性的美好、中华民族的伟大和社会主义体制的优越。从杭州到三亚，从丽江到九寨沟，宋城演艺创造了一个又一个文化市场的奇迹。奇迹来源于其优秀的文艺作品，来源于其二十年如一日地把满足人民精神文化需求作为文艺和文艺工作的出发点和落脚点，来源于其扎根生活、精心耕耘、不断推陈出新。

“这是一个最好的时代，也是一个最坏的时代。”对中国演艺行业而言，这句话用来形容行业心境也许是恰如其分的。一边是国内文化消费力释放、在线娱乐等文化新业态方兴未艾，一边是传统演艺面临巨大挑战，2014 年全国传统戏曲商业演出票房仅为 1.51 亿元，连续四年下跌。

在这样一个变革的时代，中国演艺企业何去何从？在大众消费习惯转型的今天，未来演艺行业如何借助互联网这个开放包容的平台做多种创新尝试，向年轻一代和没有地域限制、更为广泛的大众展示演艺的魅力？

十字路口，黄巧灵率领的宋城团队再次展现出果断和远见：2015 年 3 月 18 日，宋城演艺宣布拟以 26 亿元并购目前中国最大的社交视频网站——北京六间房科技有限公司。

收购六间房剑指何方？在总裁张娴看来，互联网时代，中国的传统演艺可以有新的舞台，传统文化可以变得更加生动、“洋气”。像昆曲、京剧等专业剧团，可以走上互联网，甚至可以建立自己的粉丝群体、说唱互动、网上教学等。“大众创新、万众创业，借助互联网技术，宋城演艺将深度研究、开拓文化艺术的表达空间和表现方式，拥抱互联网，化挑战为机遇。”

收购完成后，宋城演艺将持续拓展该互联网平台的原创思维，担当将中国丰富多彩的艺术形式与互联网进行深度融合的先行者，在互联网界的舞台上，跨时空演绎中国传统文化。紧跟时代脚步，围绕“拥抱互联网，打造宋城 O2O 生态系统”，宋城演艺正在向着“中国迪士尼”和千亿市值的目标大踏步前进，并力争成为世界上市值最高的文化演艺集团。

期待宋城讲述更多的文化产业新故事！

“梦想”之作——东方文化园

1000多棵大树，粗壮的须四五个成年人手拉手才能环抱起来；山坡上种着一株株看上去像是小松树的红豆杉，绵延成林，春天的时候发出翠绿的小绒毛，冬天结着一串串的小红果。清晨或是傍晚，远远眺望临江的山脊，绿茵中有一簇簇白色的身影，是栖息在此的白鹭，与白鹭相伴的还有其他50余种鸟类；园内种着500多种草药，名副其实的“百草园”里穿梭着梅花鹿、野兔、刺猬的灵动身影……青山如黛，翠竹婆娑，宝塔掩映，白鹭飞翔，这片恬淡安逸的生态之地是坐落在钱塘江、富春江、浦阳江三江交汇处的“杭州东方文化园”。

2006年4月至10月，首届世界休闲博览会在杭州举行。东方文化园成为休闲博览会的主场馆，充分显示了杭州休闲之都的魅力，受到了广大中外游客的青睐。这片在“三江口”那片绿林掩映的园地上，乘改革开放之风崛起的美丽又极具特色的文化园林，现已是杭州市的重点旅游项目。东方文化园的建造者——徐关兴，是一位土生土长的农民儿子。他有着智慧的头脑，不畏艰难，充满爱心和善心，本着几十年执着的追求，经过20多年辛勤建设，让他的家乡崛起了一个富有特色的“东方文化园”。

一、童年的梦想

建造东方文化园，是徐关兴多年来孕育在心中的一个宏伟计划，一个童年时候就开始追求的梦想。徐关兴是萧山义桥人，从小母亲就对他讲义桥的故事。据传当地有一个秀才，自幼丧父，由母亲扶养，幼时生活靠虎爪山上罗峰寺中的和尚接济为生。后考中当官，为报答和尚的恩德，出资在山下小溪建桥一座，题目“义桥”，后来镇以桥名，叫义桥镇，弘扬急公好义的精神风貌。母亲要儿子长大后做这样急公好义，有益于家乡的人。

1958年，少年的徐关兴在家乡那个破陋不堪的杨岐寺庙中读小学，寺院风雨飘摇，屋宇坍斜，泥菩萨满身是灰尘。雨天，在这里的大殿上课，漫天的风雨毫不客气地把雨水打在他的身上。那些泥菩萨身上也被无情的雨水浇湿。这种时刻，小小的一个孩子竟然对这里的菩萨塑像十分同情起来。

他听老师戚康友讲述湘湖、三江口、杨岐寺的历史故事。古老的杨岐寺有着800年历史，"杨岐钟声"是著名湘湖八景之一。徐关兴暗自下了决心："将来我有钱了，一定要在这里将杨岐寺修复，而且要修建得很好。让菩萨有安身之所，让这座800年古刹重放光彩。"那时候他还只有十来岁，只是一个光着脚板的少年。就在20多年前，这杨岐山下一片广袤土地，还依旧是一片破旧的砖瓦厂的厂址，到处是沙土飞扬，浓烟密集，杂草丛生，几座就要倒塌的烧窑烟囱正歪歪地斜立于已经没有了生机的黑色土地上。谁可曾梦见过，如今，这里春天桃花盛开柳枝舞动，夏天莲荷田田鸳鸯嬉戏，万余鹭鸟栖息树梢，山间群鹿闲散悠哉，湖中鱼儿跃出水面，百鸟亮喉余音袅袅，竹林灰鹅曲颈问天。如诗如画的田园风景，人与自然悠然相处，俨然是一处江南梦好的美丽家乡。

二、改革开放的弄潮儿

改革开放后，徐关兴弃政经商，离开了当时还是很让人们羡慕的义桥派出所的工作，走进了改革开放为他打开的一扇经商的大门。18岁时，他进了义桥镇建筑队。在建筑队，他拜师学艺，很快他就成了一名优秀的泥水匠，深得师傅的夸奖和人们的赞誉。在建筑队中，他是个多面能手，当过施工员、采购员、建筑队长。不一般的是，他总是在不断汲取知识，钻研建筑方面的各种理论和经济社会发展的新趋势。同时，他善于分析和观察，捕捉社会发展中的各种机遇。很快，这个小小的乡镇建筑队赢得了利润，扩大了眼界，为贫穷的家乡抹上了重彩的大手笔。徐关兴也在建筑队树立了为人处世干事业的形象和威望。

不久，镇党委书记找他谈话："建筑队是义桥的骨干企业，不发展就没有出路，你当建筑队的党支部书记和队长，一定要使建筑队走上发展之路！"当即，徐关兴就毅然表态:“只要镇党委信得过,我保证三年后企业利润翻一番!”1992年,徐关兴临危受命,担任了已经亏损200多万元的镇建筑企业的法人代表,并开始充分施展才华。1993年就向镇党委提出转制申请,1994年企业转制成功,成了在全国转换经营机制较早的企业之一。在这期间,企业承建了一座高智能化建筑项目——省证券交易中心,楼高28层,地下室3层,为当时全省最大的地下室工程之一,为省重点工程,是省内屈指可数的采用整体干挂技术的建筑物,其设计在全国超前。作为一个乡镇企业,与国营大型建筑企业相比,还显得比较弱小。就是这样,从未建过高层的企业,在他的率领下啃下了这块硬骨头。不但一次性验收合格,并且连续13次获得各种通报表扬。最终获得了“西湖杯”优质工程奖,并创下了省内施工史上最大地下室工程的纪录。随后,他又推出第二步发展规划,组建集团公司。大刀阔斧地开拓,企业先后成立了房地产开发公司、钢结构公司以及装饰装潢、古建筑、地基基础、新型建材等公司。这是一个以建筑为龙头的综合性大型集团公司。从此,他完成了企业实力颇为雄厚的原始积累。

作为集团公司的董事长,徐关兴已经获得了“中国经营大师”“中国乡镇企业十大新闻人物”“中国优秀企业家”等荣誉称号。徐关兴创建的浙江中强集团在2004年入围“全国民营企业500强”,是浙江省建筑施工重点骨干企业。企业在飞快地发展,积累日渐增多,但徐关兴时刻记着自己儿时的那个美好梦想。

三、回归梦想

1997年,这是个难以忘怀的年份。就在这一年,徐关兴开始了人生道路上的一个惊人之举:修复杨岐寺,建设“东方文化园”。他愿倾其全部家产来圆自己儿时的梦想。然而,当时的徐关兴还不知道自己拯救的不仅仅是一座建筑,更是他心里根深蒂固的湘湖文化。

他在公司里提出了自己的想法,但得不到大家的理解和支持。有人问:“你就这点积累,能行吗?”有人说,“有钱应该去投资办厂,扩大再生产,这才是正路。”也有人说:“修复杨岐寺,这是政府的事情,和我们企业有什么关系?”还有人说:“他会不会丢掉建筑业,另起炉灶搞旅游?熊瞎子掰玉米似的,掰一个,撇一个。”后来的事实证明,跨行业搞旅游不但没有制约建筑业的发展，还能促进其发展。两者之间是不相矛盾的，且有互补性。深知其中奥妙的徐关兴，心中特别明白其中的道理。“中强”是“东方文化园”建设的总承包方和控股方。无论在建筑的设计上还是施工上，都代表了“中强”的最高水平。施工也不是以往简单的程序运作，其中有许多给予了大胆的创新。作为该项目的总指挥、总设计、总策划人徐关兴，已有近30年的施工经验。在该项目中，他的才能发挥得淋漓尽致。

凭着他的执着和坚毅，徐关兴冒着巨大风险，一个人担当起建造“东方文化园”的千斤重担。徐关兴就去北京，见到了佛教界的重要人物，德高望重的赵朴初先生。徐关兴在赵老面前倾吐自己多年来对修复杨岐寺，建设一座东方文化园的设想。赵老亲切地对他说：“以中国传统文化中儒、释、道三家为主要内容的‘东方文化园’可以上下五千年贯通古今，弘扬中华传统文明，成为世界瞻仰东方文化的圣地。年轻人，你的想法非常好，我支持你上‘东方文化园’这个项目……”赵老的一席话犹如春风拂面，徐关兴对建设“东方文化园”的信心更足了，对实现理想的目标更坚定了。这次他去北京，还带着自己设计的“东方文化园”效果图，赵老看了规模宏大极具气势的效果图，非常高兴，立刻提笔挥毫，为“东方文化园”的杨岐寺写下了“大雄宝殿”四个笔力遒劲的大字。

1998年，他应邀参加了全省旅游工作会议。当时省政府号召发展旅游事业，徐关兴就明白即将到来的21世纪，是旅游事业发展的黄金时期，还是世界各民族文化交融的新时期，建造“东方文化园”的步履更加急切。

筹建东方文化园，徐关兴顶着巨大的压力撑了下来。1999年初，徐关兴出资8200万元，注册了杭州东方文化园有限公司。同年8月25日，“东方文化园”第一期工程奠基开工。他的初衷很简单，就是要恢复杨岐禅寺的自然生态和历史风貌，重现“杨岐钟声”。但当时的杨岐山位置偏僻，交通不便，路面上坑坑洼洼、砖砾散布，四周遍布浓烟四起的砖瓦厂，投巨资到这里，人们不理解，甚至说他是个“疯子”。但徐关兴认准的，就一定要干下去。在荒山、坡地上，徐关兴开动了拓展事业的机器。为了征用和租赁当地的荒山杂地，他先是兼并了3家因资源枯竭而停产的砖瓦厂，又使出浑身解数，迁走了3000多座坟墓，移走了3条高压线，随后用水回填了砖瓦厂残留下的深坑，将其改造成一个个秀丽的湖泊。接着又投入数千万元，种植了大量的绿色植被，引来数万只白鹭、灰鹭等鸟类栖息。如今，太虚湖水碧波荡漾，万鹭群栖于山间树丛,三江宝塔风光无限。徐关兴将荒山、秃岭建成了高品位、内涵丰富的生态型休闲旅游文化主题公园,他的投资,无疑使人类的发展和环境保护达到了和谐的统一。文化园里一座座立起的建筑,风格古朴典雅,格调自然、和谐,风格大气。

然而,在项目建设的背后,又有多少人知道徐关兴的付出。一年 365 天,他没有好好地睡过一天安稳觉,工作到天亮是常有的事。不论刮风下雨,工地上你随时都能见到他的身影。仅一年的时间,他瘦了 5 斤多。2001 年春节前夕,他又一次病倒了。医生警告说:“阑尾炎已是第三次发作,要马上动手术,穿孔了会有生命危险。”但他要筹备春节期间的活动,没有时间,让医生再放他一马。医生见拗不过他,只好为他挂点滴,让他安心养病。可是他“点滴”一结束,又驱车去了东方文化园。一次,他在车里疼痛发作,脸色惨白,人也抽成了一团。同车的人吓得一时不知所措。

有人说,你对“东方文化园”这样牵肠挂肚的,你又不缺钱,图个什么?也有人说:“这都是你自找的,你占‘中强’56%的股权,如将现在的资产按实分的话,你也算得上拥有亿元家产的富翁了,几代人也用不完。真不会享受,偏偏搞个什么文化园,来自讨苦吃。”政府领导非常理解他,徐关兴是连续 15 年被评为萧山优秀共产党员,他这么做是为了家乡百姓,是为了地方经济建设的腾飞,来带动家乡人民共同致富。在筹建“东方文化园”的过程中,迎来了人流、物流、信息流,有效促进了当地和周边地区的文化、旅游和商贸业的快速发展。该项目不仅改变了义桥镇的面貌,而且提高了义桥的知名度,改善了投资环境,解决了大批人的就业问题,为当地的发展带来了机遇。不但当代人受益,而且几代人都将受益。该项目为地方经济建设新一轮的腾飞,奠定了扎实的基础。这种奉献精神是万两黄金都换不来的!

四、打造精品

东方文化园处处是精品。万佛金塔地宫是该园的一项经典之作,依山势而建的穹隆型金碧辉煌的建筑物,里面是黄金铺地,里外共有万尊佛像。地宫中收藏和展览了大量佛教宝物,其中有长 3.8 米的象牙,上面用微雕技术雕刻有《五百罗汉》《清明上河图》及 8.2 万字的佛经。整个地宫使用了数百公斤黄金。为在有限空间集中展现众佛像,同时以佛物体现普度众生的意图,徐关兴苦思冥想,床头上放着纸和笔,生怕错过每一个灵感，而万佛金塔地宫恰恰就是他梦中突发灵感而成。

在东方文化园五行广场的中央耸立着翠树笼罩的假山，时不时有烟雾缭绕。这就是园区的另一经典巨作《观音显圣》。这里采用声光电等高科技手法，动态形象地演绎观音菩萨现身人间、播洒圣水、赐福人类的场景。整个创作，徐关兴花费了大量心血，场景在他脑海中曾反反复复上演过千遍，直到整套设计都牢牢铭刻在脑海中。因为他事必躬亲，还引起一段小插曲。施工建设时，有人戏谑说：你离开几天，地球照样会转的。可知情人都知道，一旦他离开了，工程还真的没法开展。因为整个设计方案都是徐关兴自己创意的，他走了就只能停工。有人说，你把想法告诉设计人员，画出图再交施工员去施工，问题就解决了。可说起来简单，做起来难。前后按他的想法设计好再去施工，需要两三年的时间。而他亲自现场指挥、现场授意，整个设计复杂的"观音显圣"工程却只用了 6 个月时间，就对外开放了。

他的独创在东方文化园中还有许多，如长达 2728 米的彩绘艺术长廊；大雄宝殿下正反相扣的 7000 多只回音缸；道家区的回音太极坛；建于太虚湖水面上的水上餐厅；采用砖窑抽吸技术设计的空气清新的四星级太虚湖假日酒店；将南方的飞檐翘角歇山式建筑风格同北方带斗拱雕梁画栋帝家建筑风格完美地融合在一起的杨岐寺古建筑群……每一个都富有创意的项目，都倾注了徐关兴的大量心血。有些创新，令事前认为"这是不可能"的设计师，心服口服。在施工中，他还提出"今天是精品，明天是古迹"的施工管理口号，建造出一个个高品位的精品工程。

在打造这一系列精品工程中，徐关兴对生态的重视和对环境的善待可谓用心良苦。在开发之初，他先是不惜重金移栽百年樟树、银杏和名贵树种上山，又规划投资 6000 万元种植了千亩红豆杉生态林。野生红豆杉濒临灭绝，但能提供紫杉醇，而紫杉醇是国际公认的治疗癌症的最好药物原料，广植红豆杉既利于净化空气、土地和水质，又能提炼紫杉醇。他用前瞻的目光，开发着这项功在当今、利泽千秋的朝阳产业。

徐关兴还充分利用度假区的小山丘，投资兴建生态型中药文化"百草园"，种植起 500 余种名贵中草药，创建了主题鲜明的特色旅游景观，给休闲度假和疗养健身者找寻了一处别出心裁的游览空间。

2006 年 4—10 月，世界休闲博览会举行期间，东方文化园成为休博会主场馆。"休闲是放飞心情，休闲是陶冶情趣，休闲是文化漫步，休闲改变生活，休闲提升品质。"徐关兴将休闲理念带入度假、疗休养项目，在园区建有一座依山面湖的高星级酒店，酒店总建筑面积近8万平方米，拥有客房526间/套，生态标房面积达55平方米，这在酒店行业中少有；来自越南的三棵古榕树巍峨挺立在酒店大堂，20个大小不等的会议室功能齐全，丰富的配套娱乐项目供客人自由选择。东方疗养院隐匿在青山绿水间，成为景区和酒店的配套服务设施，提供健身、保健、推拿、健康教育、心理咨询等多项医疗服务。东方文化园已成了休闲、度假、疗休养的首选地。游人在东方文化园鸟语花香、空气质量一级的生态自然环境里，充分享受阳光、空气和绿色。放纵自然性情，沐浴文化内涵，享受的则是最美的休闲。这次休博会，徐关兴和他的东方文化园，不仅完成了休博会主场馆的角色，更完美诠释了休闲与文化对人类拥有和发展之重任。

五、"树"立东方

1995年，徐关兴接手这块地，从种下第一棵树开始，坚持不懈地种了20年。"营造一种环境，增造一种生态，美丽一个园区"，徐关兴亲手种下的是一个将文化与生态结合，内含五星级度假酒店的国家4A级旅游景区"东方文化园"，是一个关于"美丽中国"的梦想，也是在身边"种"出了一条"美丽中国"的亮丽风景线。《浙江日报》曾经用"坚守一份决心，种下千棵大树；实践一份梦想，营造生态家园；埋下一颗种子，共建美丽中国"来评论徐关兴种树情结。

2013年的植树节，东方文化园迎来了一位从福建远道而来的"客人"——一棵树龄近千年的古香樟树，由徐关兴和来自住建部城市建设研究院风景园林所的专家一起现场指挥，将这棵大树种在了东方文化园的入口处。徐关兴介绍，和这棵树结缘是在三年前福建遭受洪水之际，它险些失去生命，当时他赶往福建买下这棵树后种在当地一处"疗伤"，如今趁着早春天气合宜将大树接回了东方文化园的"家"。现在，在"家"里，这棵古樟树身边和它相伴的还有好几十棵在2012年新近种下的参天大树。而整个东方文化园的园区内有1000多棵大树，百年树龄以上的有300余棵，千年树龄以上10多棵，其中有橄榄树、苦丁树、榉树、裟婆树、罗马石楠、榔树、冬青树、樟树等十几个品种。

和这棵新来的大树一样，徐关兴带回文化园的树大多是在遭受自然灾害，或因拆迁、造路、修水库等缘故不得不移走的。徐关兴对此类消息格外敏感，会第一时间亲赴现场，抢救有可能救活的树，几十年下来他有了一番经验："快死的树不能留树叶，树叶会把枝干里的水分吸干，这棵树必死无疑；将叶子摘光，搬回来也要看地势，看泥土，种在合适的地方，悉心照看。"濒临死亡的大树许多是"缺胳膊短腿"的"残兵败将"，只有少数像徐关兴这样懂树、爱树的人才会向它们投去关注的目光。"歪脖子"树被徐关兴搬回文化园后，两棵相对而种，栽在拱桥边正好相得益彰；三棵在丁字路口呈三角围成一圈，头顶正好互相依靠，在徐关兴眼里如悉尼歌剧院般灵巧动人。

身为董事局主席的徐关兴很少西装革履，经常一顶草帽，一双小雨靴，忙活在大树林里。他把黄豆发酵之后做肥料浇灌大树，长出来的叶子十分茂盛。他说树掉一点皮对他而言就像自己手上掉一块皮一样心疼难受。文化园里的每一棵树由他亲自看过，亲自种下："以前树不多的时候，我照料得过来，现在树多了，找了二三十个园丁每天照料它们，它们就像我的孩子一样。"

徐关兴说他夜里做梦常常见到树，因为白天总是和树待在一起。他还常常飞到全国各地去看树："这是真的做梦。但关于种树我也有梦想，有执念。大树没有几十年是种不起来的，有梦想才能坚持，才会不断地投入精力。"他为抢救大树总结了"三要"：要有经验，要有胆量，更要有决心。

"让大家来了东方文化园之后，能够有'没有白来一趟'的感觉，这个梦想可以说我已经实现了。"面对4720亩的园区，徐关兴有着这样的底气，而这份梦想正搭建在这些大树身上。作为一个建筑人他去过很多地方，对于"种树搞生态这件事儿"有着特别的理解："生态是人与自然相互和谐的状态。就像我造房子和种树，是完全不矛盾的事。我希望达到的状态是建筑外面的环境有很多大树，空气清新，有原始森林的感觉，让人能享受大自然；建筑里面可以很华丽，展现劳动人民的聪明才智。"徐关兴在东方文化园里种下上千棵树，也亲手设计并建成了号称"杭州第一厅"的金色大厅，面积7700平方米，长130米，宽42米，净层高9米，无柱式建筑视野空透，可容纳3000人。万绿丛中一抹金，这片景致正是徐关兴梦想中的小小缩影，曾经有从北京飞来的客人，经几小时飞机的劳累旅途后在东方文化园住宿、参加会务后发出了"这是他心中世外桃源"的感慨。徐关兴自己有时在一天繁忙的工作之后，驾车绕着文化园周长11.5公里的山路，去看看他的宝贝树们，也呼吸新鲜空气，清醒大脑，这是属于他的放松方式。

“客人来到这里能够看到他们没见过的东西，比如我们成片的大树林，珍贵的红豆杉林，拖着长尾巴叫不上名字的大鸟，获得别样的感受。”在徐关兴“人无我有，人有我优”的理念引导下，文化园内的太虚湖假日酒店依山面湖而建，526间（套）生态客房，内部是金银箔镶嵌的民间工艺，外部是阳光、空气和绿色，前来会务、会展、疗养、养生、旅游的客人络绎不绝。酒店获得了“中国十佳会议会展酒店”“浙江省优秀品质饭店”“最具情调酒店”等荣誉。自然环境与文化园内深厚的传统文化气息完美结合，难怪世界养生大会连续三年选择在东方文化园举行。

2012年党的十八大提出“美丽中国”的概念，在第一次看到这个词时，徐关兴产生了强烈的共鸣，他欣喜于生态环保的问题将会被更多的人所关注。曾是浙江省人大代表的徐关兴悉心于身边的生态问题，在人大会议上提出过行道树经济树种化和为行道树生长留有足够空间的议案。徐关兴是个责任心很强的人民代表，在“美丽中国”这件事上他更加不含糊，他以种树打了个比方：“种树的时候，想着它们长大之后可以净化环境，但如果不好好培育，这是无法实现的。美丽中国也是一样，我们有了这个梦想，需要行动，将它实现。”徐关兴眼里的美丽中国首先是环境的优化，其次是老百姓意识、素质的提高，行动起来，从自己做起，先美丽家乡再美丽中国。

从早些年“大树住进空调房”的抢救古树行动，到现在的“312抢救大树，美丽中国”行动，徐关兴的每一步都在朝他的梦想前进。为了这片美丽家园，徐关兴在经济上的投入数以亿计，光是从1995年至2008年连续投入建设繁育的2500亩红豆杉林投资总额就在6000万元以上。而他之所以选择种植红豆杉，是因为一来红豆杉是国家一级保护野生植物，二来红豆杉根能净化水源、叶能净化空气，实现天然氧吧的功效。在维护生态上，徐关兴有股执着的“愚公移山”劲儿，每年中强建设集团一部分盈利被他用来持续投入到对东方文化园内生态环境的维护当中，他从未计较其中的得失，对于他来说“今天种下一棵树，明天收获和谐家园”才是最重要的事。

六、文化铸就品质

文化对于一个企业的成长来说，看起来不是最重要、最直接的因素，却是最持久的决定因素。杭州东方文化园发展条件和环境比较优越，旅游资源相对集中，在徐关兴的带领下，坚持用科学发展观引领各项工作，促使旅游产品由观光型向观光度假休闲型转变，休闲旅游与养生保健相结合，使传统文化元素、养生保健元素、经济产业元素相互渗透并结合在一起。徐关兴创建的东方文化园在于他强调的是传统文化的回归，传统文化的寓教于乐。那里的建筑古朴典雅，格调自然、和谐，风格大气。东方文化园以儒、释、道三家同构，2728 米的彩绘艺术文化长廊贯穿 8 大景区 28 个景点，独具匠心地体现了徐关兴用一种非常休闲、轻松的情调，循循诱导地诠释传统文化的丰富内涵和深厚的文化底蕴。

当前，旅游业发展已步入品牌时代，依靠品牌传播、品牌竞争、品牌制胜对于促进旅游业发展意义重大。徐关兴是东方文化园的建设者，也是东方文化执着的传承者。曾几何时，徐关兴与破庙里的佛像一起读书。那时的他破衣烂鞋，教室是颓破的杨岐寺，挡不住雨水和雪花。可他心里拥有个梦：什么时候等我长大有了钱，我一定要重修杨岐寺，把这种比人类生命还宝贵的文化精神传承下去。

他努力了，也实现了自己的愿望。他修复了杨岐寺，并以其历史为文脉钩沉和复制了东方文化的精华。在东方文化园里，游人可一览浅山绵延，鹭鸟群栖。万佛金塔地宫金碧辉煌；象牙微雕技艺精湛、清晰隽永；长廊“五百罗汉”像飘逸生动、形神兼备；《法界流源图》将十界仪像尽收画中；彩绘文化艺术长廊做足书法、绘画、影雕的文章；《杨岐流源图》乾隆皇帝御笔书写的“心经”手迹复印件、“孔子圣像图”、杨岐派佛教的“达摩渡江图”……经典力作，具有无限的文化魅力，点点滴滴构成文化园成为“中国佛教文化展示中心”。

“东方文化园”的成立，在社会上引起了强烈的反响，已被授予两块国家级的牌匾：“中国佛教文化展示中心”“世界宗教学术研究基地”，国家文化部确认为“中华少年儿童文化艺术活动基地”。全国政协也有意将此处命名为“中华民族东方文化园”。此处已被定为促进民族团结的“华夏文化纽带工程基地”。由于徐关兴的创意，而使“东方文化园”富有了与众不同的、有较高立意的景区，并与浙江创建文化大省的目标相一致。从这个意义上来讲，它已不仅仅属于一个镇或一个地区了，它应是属于我们整个中华民族的；并为全世界人民了解东方文化，提供了一个宝贵的基地。

七、先言义后言利

徐关兴对于东方文化园的巨额投入,源于他的责任观。徐关兴说:“做事业要有责任感,对家人负责、对企业负责、对社会负责。”在他看来,投资文化、植树造林也是社会责任。比如,在了解到群众要求恢复萧山母亲湖历史风貌的建议后,作为浙江省人大代表的徐关兴多次实地调查,并在省人大会议上递交了相关议案,最终议案得以落实。其中“杨岐钟声”作为“湘湖八景”之一,已成为东方文化园的重要景点。在徐关兴的努力下,湘湖一期工程 1200 亩的水面得以恢复,一湖绿水两岸秀色的景观成为萧山一张亮丽的名片。

“企业最终是要回报社会的,只是回报途径不同,周期不同。作为一个企业家能够在文化大省的建设上,做自己微薄的贡献,也是一种荣誉,当 10 年、20 年后,子孙享受到这里的文化环境,我们就非常欣慰了。”人大代表徐关兴以他的回归的性情,以锐意的园区设计,以对文化的厚重,执着于东方文化园的创建。景景是血汗,点点是珠玑。“用了 10 余年时间,投了 10 多个亿,门票收入恐怕连利息都不够。但我们还准备继续投入,用做企业赚的钱不断投入到文化项目中,给社会留下精品,造福子孙。”徐关兴怀揣着文化的使命,带领东方文化园向着“规模大、功能全、服务好的国际旅游综合体”稳步走下去。

虽然东方文化园现在依然是集团下属的最不赚钱的公司,但是,徐关兴坚信,现在国家大力鼓励文化产业,东方文化园显然大有可为。有一次,几名香港客人到“东方文化园”来游玩,对该园的古建筑施工折服,要求面见施工企业负责人徐关兴。原来他们要在湖州安吉建造灵峰乐园,一直找不到中意的施工方,真是踏破铁鞋无觅处,得来全不费工夫,在此,偏偏遇到了“中强”。便要求与“中强”进行合作。

徐关兴未计较经济效益,但东方文化园的社会效益却着实令人瞩目:在拥有大面积红豆杉林的基础上,东方文化园与浙江省中医药研究院、浙江大学、浙江中医药大学等合作,进行了“红豆杉中医药综合利用”科技研究,2009 年由省中医药管理局牵头的省级鉴定委员会专家组对科研成果给予了充分肯定;2008 年,文化部中华文化促进会授予东方文化园“中华养生文化研究发展中心”牌匾,这是中华文化促进会在国内设立的第一个专业研究养生旅游文化的机构；同年，东方文化园被授予华东地区国际休闲产业示范基地；2012 年世界屋顶绿化大会花落东方文化园；2013 年中国建筑节能协会、中国绿色建筑委员会、世界屋顶绿化协会授予东方文化园的红豆杉风情小镇项目“立体绿化、生态低碳宜居、美丽中国绿色建筑科研示范基地”。“东方文化园”逐渐成了造福于子孙后代的“聚宝盆”。

孵化未来的使者——杭州凸凹工业设计

李立成(杭州凸凹工业设计有限公司创始人及首席设计师):

2003年,凸凹起步,凭借资深的设计团队、先进的管理模式、优秀的企业文化,为超过百家知名企业提供服务,成为杭州设计服务业的杰出代表之一。

一、孵化未来的信念

我读书的时候,手机行业如日中天,我毕业后加入了这股潮流,成为手机设计师。25岁那年,因为看不到手机造型设计行业继续玩形式的出路,就直接辞去了工作。中国的大部分驻场设计师如果对设计心怀理想,内心都会有个梗——多数企业对于设计的态度严重阻碍了原创产品设计师的驱动力。为了释放这种被压抑的斗志,我开始组建凸凹的第一支设计师团队,当时就觉得一定能成事。公司2003年正式成立,开始全新的发展旅程。

(一)第一笔订单

2003年,"工业设计"这个名词在国内还比较新鲜,公司以小型设计工作室起步,但我们的起点还是比较高的,算是以国外包抄国内的曲线战略救国。公司设计的第一个项目是松下的抽油烟机项目。因为我们是本土第一批做设计服务的公司,那时候国内的制造业也还没怎么接受"工业设计"这个名词,我们基本上只能以双脚来争取每一个客户。记得当时我主动去上海松下工厂毛遂自荐，恰好与其设计总监佐藤孝史对于原创的想法不谋而合，顺利拿到了那一单。接下来的一段时间，我们团队就玩命地通宵投入，这个老牌日企最终为我们点了赞。

经过与松下公司合作，我们凸凹设计逐渐在业内站稳了脚跟。

(二)质变的前夜

2005—2006 年，凸凹设计由工作室形式的单团队工作模式发展为多团队协作，进行有针对性的业务团队培养。特别是 2006 年，公司有意识地组建了具有工程师背景的设计团队，使设计跳脱“漂亮图纸”的嫌疑，使产品的结构和技术匹配度更为成熟。随着设计需求的增长和行业趋势的变化，2007 年，凸凹设计组建了交互与界面设计、研究与策划两支新团队。这两支团队一方面完善了凸凹设计的整个设计流程，另一方面也反映了凸凹设计在应对行业需求变化方面的灵敏度。从 2009 年开始，凸凹设计重新审视了设计与产品、设计与市场的关系，对原有单一的委托性合作模式发起挑战，首次尝试了由设计主导市场和产业的主动研发合作模式。和老板集团的合作，证实该合作模式能够为企业带来前瞻性的产品发展视角。2010 年，几位来自欧美等地区的设计师加入凸凹设计，这为凸凹设计带来国际化的设计文化。同年，凸凹设计与保时捷设计机构沟通对话，探讨未来的设计趋势。

2011 年是凸凹设计质变的一年，凸凹设计正式启动公司转型计划，从单纯的设计公司，通过产品自主孵化、产品自主品牌推广等方式努力向研发型设计公司做转变，希望成为一家研发、设计、生产一体化的创新产品机构。

(三)最好的产品总是下一个

凸凹成立 10 周年的时候，也就是 2013 年，我们提出了“Design for the next”。这个 the next 后面可以跟 product，也可以是 generation，或者是 lifestyle，总之从整体论上去理解。我们现在在抵抗种种阻力，做一些突围形式，从使用需求本源上进行探索，那么产品就可能不只是产品，而是以一系列产品为中心的生活方式。凸凹设计了很多产品，我觉得最好的产品总是下一个。最近我们和一个客户合作了一个"厕所侠"的项目，性质上它属于卫浴机器人，产品还在开发中，细节就不多透露了。

二、行业中的地位

凸凹设计通过将成熟的设计理论与创新方法运用于实际，为客户提升产品、服务、商业模式及品牌竞争力，目前公司所提供的服务水平处于同行业绝对领先水平。其在行业中的领先地位与作用，主要体现在以下方面：

(一)入围红点奖全球设计公司排行榜前十名

在2012年由德国红点竞赛组委会发布的"红点奖全球设计排名"中，凸凹设计与来自德国、英国、加拿大、韩国等国家的设计公司一起分享荣誉，在全球设计公司排名中位列第7，在同期入围的5家中国设计公司中排名第3。在2013年发布的"红点奖全球设计排名"中，凸凹设计在全球设计公司中排名第11。凸凹设计是榜单上仅有的3家连续两年入围"红点奖全球设计排名"的中国设计公司之一。

红点奖设计排名旨在把荣誉颁发给那些不断探索创新的杰出设计公司。入选该排名意味着凸凹设计是一家具有国际设计水准的顶级设计公司，在行业中具有领先的产品设计思维和水平。

(二)平均一年一项国际顶尖设计大奖

从2009年开始，凸凹设计已经获得多个国内外行业奖项，入围工业设计大奖德国红点奖全球设计公司排行榜前10，平均每年获得一项国际顶尖设计大奖，包括"美国IDEA奖""IF设计奖"等，同时拥有近30项实用新型专利及3项发明专利，在同类设计公司中处于领先水平。

iF设计奖(International Forum Design)与德国红点奖(Reddot)是全球历史最悠久的设计奖之一，与美国IDEA以及日本G-Mark并列国际四大设计奖。始于1953年的iF产品设计奖已是当今最重要的创新产品设计奖项之一,欧洲媒体亦称之为"设计的奥斯卡"。红点奖是国际知名的创意设计大奖,是与iF奖齐名的一个工业设计大奖,是世界上知名设计竞赛中最大最有影响的竞赛之一。

2009年,凸凹设计的两款设计"pet vison"与"REBORN生存救援装置"分别获得德国红点概念奖。同年,凸凹设计的"8210抽油烟机"荣获iF产品设计大奖,该产品在当年还同时获得"中国企业产品创新设计奖(CIDF)"。

2011年,凸凹设计的"A&C Toilet"荣获德国红点概念奖。

2012年,凸凹设计的"IPHONE USB SHELL"荣获德国红点概念奖。

2012年,凸凹设计的"HIC6621E-A高清全天候球型网络摄像机"从来自全球50多个国家的11000件参赛作品中脱颖而出,荣获iF产品设计大奖。

(三)拥有近30项实用新型专利及3项发明专利

公司早在创立之初就意识到专利的重要性。外观专利并不是凸凹设计着力发展的方面,而在设计创新过程中产生的实用新型和发明专利才能有效佐证公司的含金度。

2008年全年凸凹设计共申请实用新型专利2件,2009年申请实用新型专利1件;2011年凸凹设计开始启动专利运作机制,2011年全年共申请实用新型专利7件;2012年全年共申请实用新型专利16件,发明专利3件。公司总共拥有实用新型专利22件,另有3件发明专利正出于实审阶段。无论从专利申请数量、专利拥有数量、专利含金度来说,凸凹设计都处于全国同行业的领先水平。

(四)Porsche Design、SIEMENS、PHILIPS等国际知名设计企业与品牌公司青睐的设计合作伙伴

开拓国际客户,接纳国际业务,是对公司设计实力的一种认可,也是公司向高端、品质发展的需求。在经济全球化加速推进的背景下,企业在全球市场中的竞争日趋激烈,对设计的需求也日渐强烈。

近年来,凸凹设计对高品质的国际合作投入更多关注,将设计视野发散至全球。

2009年12月保时捷设计工作室(The Porsche Design Studio)总经理Roland Heiler造访凸凹设计,沟通设计话题并洽谈商务合作。保时捷设计工作室是全欧洲最出名也是最有声望的设计所,1972年至2007年底,产品获国际知名赛事设计大奖超过20项,更有一些设计作品最终被纽约现代博物馆收藏展览。此次保时捷设计工作室来访旨在为未来可能的项目寻找中国设计合作伙伴,而凸凹设计作为保时捷设计工作室在中国的唯一洽谈目标与其进行了友好的会谈。

保时捷设计工作室主动造访,不仅代表了凸凹设计在国际上的影响和地位逐步提升,也证实了中国设计市场正在被越来越多的人关注和认可。

2009年,凸凹设计与国际著名品牌西门子旗下的博西家用电器(中国)有限公司有了初次接触。西门子公司对产品设计有严苛的要求,对企业产品形象的统一性尤其重视。因此,过去西门子公司的产品设计都是由位于德国本部的设计团队来完成的。但随着本土化战略的实施与中国设计公司技术水平的不断提升,寻找一家国内设计合作机构成为可能。通过德国公司的严格考评和精心挑选,当时成立仅6年的凸凹设计成为西门子电器在中国地区仅有的两家设计合作公司之一(另一家是成立于1997年,当时已有12年发展历史的老牌知名设计公司——上海指南工业设计有限公司),凸凹设计也是西门子在中国地区选择的首批设计合作公司之一,从此赢得西门子系列化电热水器的设计合作项目。

2012年,飞利浦公司推出了首款双杆蒸汽挂烫机产品GC670。飞利浦公司素来以注重产品设计而闻名,致力于通过及时推出有意义的创新来改善人们的生活质量。其产品设计理念为“精于心,简于形”,意指产品应将技术和设计融入以人为本的解决方案中,给用户带去“健康舒适,优质生活”。GC670完美体现了飞利浦公司的产品理念:设计精巧,带有脚踏开关、可分离水箱、自动绕线器和配件贮藏箱,以及挂烫机的双杆滚轮特性,确保了其非凡的除皱效率。而这款GC670双杆挂烫机是飞利浦公司ODM(Original design manufacture)自宁波凯波集团,由凸凹设计进行设计的。GC760不仅奠定了飞利浦蒸汽挂烫产品的基本风格,也帮助宁波凯波集团赢得了荷兰皇家飞利浦电子公司的稳定订单。

国际知名品牌的青睐与成功合作，佐证了凸凹设计的技术服务水平已位列行业前矛，达到世界领先水平。

(五)国内一线品牌企业认证的A级供应商

2011—2013年，凸凹设计连续3年参与广东美的环境电器制造有限公司(全球最大的环境电器制造基地)的设计招标。从全国范围内选拔出的5家设计公司，经过激烈竞争，最终凸凹设计获得美的集团的认可，连续3年被其认定为A级设计供应商。美的A级供应商代表着该被认定企业具有价格合理(出色的成本控制能力)、设计质量与服务俱佳、设计实力和管理实力行业领先等要素。A级供应商将获得认证年度中至少50%的产品开发项目，凭借过硬的技术实力和品牌效应，在集团其他重大设计项目中享有免招标资格。

2012—2013年，凸凹设计被列为中国移动通信集团广东有限公司的设计招标对象。招标条件规定，必须在近两年内为电信运营商、互联网或通信企业提供过重大项目的产品工业设计、结构设计、交互设计、视觉设计的服务，最终方案被采纳实施通过，并且在市面获得良好反馈。在招标过程中，经过两轮课题设计应答、两轮现场应答等层层筛选，凸凹设计在入围的3家国内外优秀设计公司中脱颖而出，成为2012—2013年中国移动通信集团广东有限公司引进设计公司支撑创新产品设计项目(硬件设计)的全球唯一设计供应商。凸凹设计同时也是联想集团、海尔集团、老板集团、九阳集团、华为等多家品牌企业认证的设计供应商，并逐渐成为他们的核心策略与设计伙伴。

另外，凸凹设计还是国家科技部863重点课题项目设计合作方、上海世博会智能服务机器人全球唯一设计合作方、杭州地铁1号线工程安检系统设备设计合作方等。

三、凸凹设计的经典案例

(一)国家科技部863重点课题项目——仿人机器人合作设计

2009年6月,凸凹设计受邀与浙江大学智能系统与控制研究所机器人实验室合作,共同进行"等比仿人机器人"的研发工作。该项目是科技部863重点课题——仿人机器人感知控制高性能单元和系统项目的代表作品,集成了机器人领域的诸多先进技术。

凸凹设计在该项目中负责仿人机器人的国内外典型设计案例研究、机器人角色设计与定义、机器人外观设计与整机结构设计(包括活动结构的外壳设计)、机器人色彩及表面处理设计与定义、结构样机制作跟踪与优化。该项目在设计阶段历时两年半,最终诞生"悟"和"空"两个等比仿人机器人,具有1.6米的身高、55千克的体重,不仅外形、体重和真人无异,而且全身拥有30个各司其职、可以自由活动的关节,仅手臂就能做7个自由度的运动,十分灵活。这是目前世界上首个宣布研制成功的、具有快速连续反应能力的仿人机器人。

仿人机器人是一种集机械工程、传感技术、计算机技术、控制科学以及人工智能等多学科于一体的产品。其非完整约束、高阶非线性和多传感器信息融合等特性,使之成为机器人领域中综合性最高的项目。在该项目中,凸凹设计与浙江大学智能系统与控制研究所机器人实验室合作,恰好将一流的设计水平与一流的智能控制研究水平相结合。该项目设计阶段历时之长、设计难度之大、设计科研价值之高、应用前景之广阔,都创下国内同行业之最。

(二)上海世博会智能服务机器人——海宝机器人合作设计

中国2010年上海世界博览会(Expo 2010),是第41届世界博览会,于2010年5月1日—10月31日在上海举行。此次世博会也是由中国举办的首届世界博览会。上海世博会以“城市，让生活更美好”(Better City, Better Life)为主题，总投资达450亿元人民币，创造了世界博览会史上的记录。同时，7308万的参观人数也创下了历届世博之最。而在如此庞大的世界级博览会舞台上出现的“海宝智能服务机器人”，是由世博局创意，浙江大学、中控科技集团和凸凹设计联合研制开发、设计及生产的高科技智能服务型机器人。

凸凹设计是世博局在全球范围内初选的两家设计合作方之一，另一家是日本三丽鸥股份有限公司(Sanrio Company Ltd.)。三丽鸥是世界知名的礼品、卡通形象品牌设计公司，世界知名的文化品牌 Hello Kitty 就是三丽鸥旗下的产品，三丽鸥代表了日本乃至全世界造型图案设计的最高水平。但最终凸凹设计通过“原型重现”“主题角色”“抽象设计”三个解决方案，加之自身具有外观设计、结构设计与样机制作跟踪等多项成熟的设计服务，击败了三丽鸥公司，成功赢得世博局的青睐。

海宝机器人一共有37台，主要安放在上海世博园区主要出入口，中国馆、主题馆、文化中心、世博中心、世博轴等主要场馆以及上海虹桥、浦东两大机场，于上海世博会期间为各国来宾提供迎宾和导航等多种服务。这是全球规模最大、时间最长、功能最全面的一次服务机器人在世博会上的应用，对于上海世博会、对于发展中的中国都具有非凡的意义。

全国多家媒体都对“海宝智能服务机器人”予以报道，并给予高度评价。如，《中国日报》2010年4月27日报道“服务世博的海宝机器人创中国机器人发展新纪元”；新华网2010年6月1日报道“20个海宝机器人巡游世博园，开启信息生活新应用”；浙江在线上海2010年6月18日报道“机器人海宝客串迎宾小姐，精彩的演出让人惊艳”。

从入选世博局设计合作方，到击败具有世界顶级设计水平的三丽鸥公司，到37台“海宝智能服务机器人”无故障运行180天，可见凸凹设计在设计方案美观度、解决方案成熟度、服务完整性方面已经达到国际先进水平。

(三)杭州地铁1号线工程安检系统设备——CX6040BH 安检设备设计合作方

杭州地铁(Hangzhou Metro)是浙江省杭州市第一条地下轨道交通系

统，是浙江省重点建设项目。杭州地铁1号线于2007年3月28日开始建设，2012年11月建成通车，正式运营的地铁1号线仅一期工程由萧山区湘湖站至下沙16号路站及临平支线九堡东站至世纪大道站组成，全长达到48公里，是中国最长的地铁线路之一。地铁全线共设控制中心1座、车站34座，其中地下站31座，高架站3座，共含换乘车站12座，地铁公安分局设派出所6座。

杭州地铁1号线工程安检系统主要由通道式X射线检查仪、台式液体检查仪、便携式炸药探测仪、毒气检测仪、辐射检测仪、防爆设备及辅助设备组成。其中在34座车站、1座控制中心一楼大厅入口及6座派出所都需配置1台通道式X射线检查仪。

杭州地铁安检系统招标书中明确规定，国外采购设备及材料应满足国际相关标准，国内采购设备及材料应满足国内相关标准。当两个标准不一致时，按最高标准执行。投标人所投设备应是经过工程验证或权威机构认可的高可靠性成熟产品，所投产品在轨道交通领域有成功应用的工程业绩证明，并且对所投产品的系统技术要求、系统功能要求、外形尺寸等都有严格定义，并要求按照杭州地铁1号线的工作条件，在正常使用维护条件下，整机使用寿命不小于10年，系统设备应满足在正常维护条件下运行5年不更换关键部件。

最终CX6040BH型X射线检查系统成为杭州地铁1号线的最终中标产品。这款由北京同方威视技术股份有限公司进行射线技术研发和产品生产，凸凹设计进行设计策划、外观设计及结构设计的产品，具有通道尺寸紧凑，特别适用于公文包、手提行李、邮包以及小型包裹的安全检查；外形简约美观，广泛适用于机场、地铁、车站、海关、港口、办公大楼和体育馆等场所；结构设计合理，无论拆装还是维护都十分便捷。

CX6040BH的成功中标，再次印证了凸凹设计具有过硬的设计服务水平和成熟的产品开发经验。

（四）老板电器CG8000隐藏式烟机

“隐潮”是个非常有意思的说法，直接意指“不明显的将时下的流行要素体现在设计作品中”,但从广义上来说其中包含有许多方面的“隐”。

“隐潮”的命题始发于设计界对现代消费社会频频喷发的消费欲望的警醒,与对浮夸外露的设计之风的反思。有责任感的设计师在设计过程中用“隐潮”的命题来自我约束,并借此约束来展现设计技巧。“隐潮”虽大,却与消费者的生活息息相关,从设计趋势到设计实践的落地,也是设计师将社会责任从口头落实到行动的过程。

我们认为“隐潮”中的“隐”包含很多方面,譬如视觉上的“隐”,也就是视觉上的藏“繁”和删“余”,如这些年流行的极简设计风格。譬如功能上的“隐”,可以理解为把一些没有必要的中间件或无关紧要的小功能省略掉,以达到降低生产成本、增强视觉针对性的目的。譬如跨领域的“隐”,讲究在针对不同时候、不同环境,或不同的使用者时,我们设计的产品可以自由拓展,应对不同的使用需求。譬如消费上的“隐”,倡导一种少就是多的生活理念,倡导低碳环保的生活态度,为消费者设计未来的绿色生活品类。

“隐潮”是一种大的设计趋势,落实到消费者的现实生活中,以厨房电器产品设计为例,我们会发现大部分中国的家庭厨房并没有广告里所展现的那么宽敞,再加上近些年来国家政策的导向,小户型住宅在房产市场上占有很重要的地位。越来越多的城市变为新移民聚居的城市,小户型以其总价低的特点吸引了大量金字塔底的置业者和中小投资者。

而走进家电卖场我们发现,当前市场上流行的厨房电器仍旧动辄5件套,甚至7件套,消费者没有更多选择,不仅需要花费高昂的费用去购置,还需要付出空间成本去安置它们。传统厨房电器的设计并未跟随使用环境的变化做出应对。

于此设计师提出了“隐藏式烟机”的概念,一方面使得烟机充分利用了厨房空间存在,一方面使得厨房环境更加整体。设计师从三个维度来将“隐潮”落实到“嵌入式烟机”产品设计中。视觉上的隐藏——油烟不见了,油烟机也不见了。更少的裸露面积,意味着更少的被油烟污染的面积。“嵌入式烟机”安装在橱柜里,减少外露面积,由此可以有效减少烟机清洁的面积,让清洁工作更便捷。

CG8000这款烟机是由老板集团与众多房地产商合作,为打造整体厨房提供一种可能，而该产品的销售模式为产品的发展创造了更广阔的盈利空间和市场。

（五）"TOOUT＋"——城市礼品

"TOOUT＋"是凸凹设计原创品牌，是凸凹设计从设计服务供应商的角色，转换为下一代新产品供应商，进行技术（服务）创新的一大努力。2013年，凸凹设计正式发布"TOOUT＋"产品品牌，希望通过创新设计为下一代生活"＋"点料的同时，真正为用户打造下一代宜居的家庭环境。"TOOUT＋"品牌下分环境电器和城市礼品两大产品系列，其中城市礼品产品系列希望立足自然，在现代生活中打造一抹自然印象，以其环保性为反塑化做出努力。

城市礼品是"TOOUT＋"系列产品的一大分支，该产品线以自然材料为产品表现材料，比如竹材、木材等。主要针对城市文创产品品类进行创新设计。每个城市都会有属于自己的个性和亮点，或自然或人文，婀娜多姿，但是在城市发展商业化、产品同质化严重的今天，如何凸显城市自己的风采成为一大重点。"TOOUT＋"的城市礼品产品系列就是为打造城市印象的礼品系列产品。

目前"TOOUT＋"的城市礼品系列主要针对浙江展开。浙江盛产毛竹，而竹又是一种具有中国气节的植物，自古文人墨客对竹就有别样情怀，欣赏竹之虚心、坚韧等品性，宋朝词人苏轼曾称"宁可食无肉，不可居无竹"。另外，竹材在现代设计师眼中还是一种极其环保的材料，该材料易生长，可降解。随着技术的成熟，竹材的加工工艺已经突破了原来手工编织的状态，目前可利用CNC技术，在进行材料整合拼接后再加工，呈现的造型更加简约、现代、整体。

"TOOUT＋"和安吉不无竹家居用品有限公司一同进行了首批竹材城市礼品的研发。产品主要分为竹制电器类和生活小品两类。竹制电器产品包括空气加湿器、空气净化器、台灯和风扇，生活小品主要是Tea Day茶具套组、懒而不庸果盘等。

"TOOUT＋"将该系列产品以知"竹"常乐为主题，参展于第113届广交会，其中部分产品还参展了杭州老字号与工业设计联盟构建研讨会暨城市礼品创新发展论坛。本次城市礼品广交会之行，来自世界各地的品牌商和生产商对其产生了兴趣，共计产生140多条合作信息，其中产生以欧美、中东、澳洲地区为主的有效合作需求20余条，国内合作需求10余条，目前正在洽谈产品量产上市计划，预计不久将和国际消费大众见面。

四、凸凹设计的四"新"理念

近几年国内工业设计公司发展迅猛，规模较大的设计公司在寻找利益最大化的途径，规模较小的设计公司如雨后春笋般茁壮成长。韩国、欧美的设计公司也纷纷进入中国市场，想在这块广袤的土地上扎根、发芽。可以说国内工业设计行业的竞争越来越激烈。如何让工业设计公司更好地发展、如何正确地认识工业设计的价值是业界人士一直探讨的话题。经过多年的积累，凸凹逐渐总结出属于独特的四"新"理念，也称作四"新"价值，阐述了凸凹设计的价值观。

(一)外观"新"形式

在外观形式上求新，这是最表层的成果，是每一家设计公司的基本功，代表了设计与规划始终寻找的一种或多或少的新鲜质感。在产品的技术、材料越来越同质化的当下，越来越多的企业希望通过产品外观寻找差异化出路。这是工业设计最基本的价值，也是凸凹早期接触最多的项目。像凸凹设计为老板电器打造的外观"新"形式案例：Crossover跨界8210吸油烟机。该款设计结合了中式深腔烟机吸烟强劲、欧式烟机造型美观。2008年凸凹为老板电器设计的Crossover跨界8210吸油烟机，让两种机型的优势强强联合，既能做到堪比中式烟机的吸烟能力，又能做到欧式烟机式的简约大气。它凭借独特的跨界设计一举获得了2009年"德国iF"和"CIDF"两项大奖。8210吸油烟机上市两个月销售额即突破亿元，帮助老板厨房电器在中高端市场上领先国内外竞品。

(二)使用"新"方式

使用方式上求新,是指为各种细分市场的用户量身定制合适的使用规格,通过使用方式的改变让产品更加易用、有趣,更有情感。关注产品最终的使用人群,研究他们的行为方式、喜好以及在使用产品过程中不便的环节,分析不同人群使用同一产品时的差异,将这些信息结合起来运用到我们的设计中。像凸凹 2011 年红点奖获奖作品 A&C TOILET,是创造使用"新"方式的案例。通过对用户人群的研究,我们发现儿童的如厕是一件让大人费心费神的问题。造成这一现象的原因是家用的马桶是不便让儿童使用的。为了让儿童和大人在家庭环境中都能舒适、自然地使用马桶,我们设计了一款 A&C TOILET。该马桶巧妙地增加了儿童使用的马桶圈和脚踏的支撑结构,可以让小孩子脚踏实地使用马桶。

(三)消费"新"模式

消费模式上求新,是将快速发展的各种可移植的专业技术应用到研发新品,强调主题销售概念,把握市场重点,引导消费,帮助客户抓住在消费模式转变时期的有利时机。主动出击,化适应市场为引导消费,将工业设计的价值上升到新的台阶。比如,与折叠茶馆合作的茶饼,就体现了工业设计的消费"新"模式价值。茶是中国最传统的文化之一。在这个飞速发展的时代,茶文化怎样应对新发展?越来越多的年轻人开始认识到茶的好处,但是适合年轻人饮茶的方式很少。在这一领域,缺少相应的产品来应对市场需求。通过调研发现,近 6 成的人喜欢冲泡散茶,方便携带,冲饮方便。凸凹设计为折叠茶馆设计的茶饼系列,便是应对该市场空缺的产品。饼保留散茶冲泡口感,并可根据不同需求随时更换口味。该设计将便捷发挥到极致,增添 DIY 乐趣,并使用自动售货机的形式,创造都市喝茶新风尚。

(四)流行"新"趋势

流行趋势上求新,表示我们不是跟随潮流、适应趋势,而是用新形式、新方式、新模式来树立趋势标杆,从而帮助客户引领行业的发展。像九阳豆浆机 JYDZ-29 型(“柠檬”),便是流行“新”趋势的价值案例。传统的豆浆机工具感强,看上去冷冰冰的,亲和力较差。当其转为家用时仍然保留着这些特质。年轻人不会消费这样一款看上去笨重、古老的机器,哪怕它能制作出鲜美的豆浆。“柠檬”便是打破这一僵局的力作。它造型新颖,用色出挑,将九阳的“健康”理念传达得淋漓尽致。可爱的外观使它深受年轻人的追捧,不仅创造了销量上的传奇,并在豆浆机领域引领了时尚潮流,成为家用豆浆机的首款热销产品,在后来的很长一段时间里,市场上销售的豆浆机中都可看到它的影子。

凸凹设计的发展与政府的扶持密不可分。在创业初期,租房是个大问题,杭州市政府不仅支持凸凹设计从西湖区较小的场地搬到了滨江高新区较为宽敞的办公区,并认定为文创企业,享受房租补贴。另外,市政府也给我们提供了很多参展机会,让大众了解我们这个领域以及我们公司。在每次获得国内国际知名奖项后,区政府还会给予一定奖励,并在保护知识产权等领域给予帮助。随着凸凹设计不断做强做大,政府的扶持也相应加码。几年前省政府就拨了 2.1 亿元专项资金扶持工业设计公司,我们从中受益颇多。一些企业在研究一些创时代产品的时候,得到了扶持资金、渠道和各种资源,当产品出来以后,企业也会通过税收回馈社会,这就是双赢。

2015 年,凸凹设计开创了以设计为创业驱动的众创空间与孵化平台,开发、塑造原创品牌“MUAH”(智能硬件)、“竹构”(文创产品)、“TOMOR”(家庭服务机器人)、“知几”(智能家居)等,打造以“TAO DESIGN”为标志的原创设计师品牌,走向消费市场,成为工业设计领域的佼佼者、孵化未来的领导者。

参考文献

[1] 朱戴林.西湖绸伞的设计之美[N].美术报,2014-02-01(21).

[2] 徐洁萌.西湖绸伞制作技艺[J].浙江档案,2010(1):45.

[3] 徐洁萌.让“西湖之花”重新绽放[J].浙江档案,2010(1):47.

[4] 红雨.绚丽多彩的西湖绸伞[J].杭州商学院学报,1981(3):52-53.

[5] 何平.杭州市非物质文化遗产大观——传统手工技艺卷[M].杭州:西泠印社出版社,2008.

[6] 马时雍.杭州文化丛书——杭州的工艺美术[M].杭州:杭州出版社,2003.

[7] 姚佳文.年轻人的浪漫茶梦——记艺福堂品牌创始人李晓军[J].茶博览,2014(12).

[8] 姚佳文.艺福堂:互联网上奔腾而来的一匹黑马[J].茶博览,2014(12).

[9] 陈娜.艺福堂:小企业的大战略[J].销售与市场:评论版,2012(26).

[10] 刘誉.奚百川:做电商,先经营好“人”[N].21 世纪药店报,2014-04-07(A04).

[11] 王双双,蔡雷.情怀仍在　如何保温?——2015 实体书店读者需求调查[N].中国出版传媒商报,2015-10-20.

[12] 朱钰芳.顺应转型趋势,开办特色门店[N].中国新闻出版广电报,2016-06-27.

[13] 李俊俊.移动互联网时代独立书店微信营销研究[D].合肥:安徽大学,2015.

[14] 刘慧.从孩子“暂存点”到“儿童阅读角”[N].中国新闻出版报,2007-06-12.

[15] 钟原,项莹.杭州晓风书屋经营现状及营销策略研究[J].北方经贸,2015(2).

[16] 张恩.打造读书人的“精神栖息地”[N].每日商报,2015-02-15.

[17] 徐凤兰.地方文化资源与创意经济发展——以浙江宋城集团为例[J].浙江社会科学,2008(9).

[18] 叶菊英.宋城现象研讨会综述[J].学习与思考,1997(11).

[19] 杨欢.《宋城千古情》：一场梦，一个传奇[J]. 杭州：生活品质版，2015(10).

[20] 周樊峰，周云城. 黄巧灵：政商之间[J]. 商界(评论)，2007(8).

[21] 吴迪. 黄巧灵和他的飞进未来之城[J]. 公关世界，2006(10).

[22] 翟文婷. 黄巧灵：宋城利润可能超过整个电影市场[J]. 创业邦，2012(8).

[23] 江山，王宾. 回归·锐意·厚贵——现代杭商杰出代表徐关兴的创业故事[J]. 杭州，2010(10).

[24] 薛家柱. 展示东方文化的艺术园——记东方文化园董事局主席徐关兴[J]. 杭州：生活品质版，2010(12).

[25] 江山，叶钢强. 东方文化园：休闲改变生活文化铸就品质[J]. 杭州，2010(3).

[26] 薛怡，陈杭辉. 中国梦 "树"东方[N]. 浙江日报，2013-05-15.

[27] 祝桂海. 三江汇聚出英杰——记"中强"集团董事长徐关兴[J]. 中国第三产业，2002(7).

[28] 董颖. 凸凹设计，为工业产品披上时尚外衣[N]. 浙江日报，2016-04-07.

[29]李立成. 凸凹设计的四"新"理念——《实践》杂志专访凸凹设计[EB/OL]. (2012-09-06)[2016-08-11]. http://blog.sina.com.cn/s/blog_624a504601015zah.html.

后 记

杭商是与杭州城市创业文化呈现高度相关的商帮群体，是杭州籍在杭州创业、杭州籍在外地创业、外地籍在杭州创业三类群体的总称。2009 年，在首届杭商大会上，杭州市委、市政府做出了研究杭商现象、树立杭商品牌的重要战略部署。2016 年 10 月，第二届世界杭商大会隆重召开，800 余名海内外杭商代表参会，共同谋划杭州建设世界名城的发展之路，共同谋划杭商自身发展与助力杭州发展的创新之路，共同谋划世界经济从杭州再出发的开放之路。

杭州市社会科学院杭商研究中心自 2009 年开始进行杭商系列研究，并牵头负责杭商研究丛书的编撰工作。本书为丛书之一，是继《杭商与杭州经济竞争力》《三镇三谷　智慧版图》《新兴杭商》等之后的第 8 本著作。

本书是老、中、青杭商研究者的成果，选取的杭商也跨越了世纪，故取名《穿越时空的杭商》。辛薇、曹立铁、张翼飞等前辈贡献了他们的佳作，杭商研究中心的同仁也积极参与本书的编撰。

衷心感谢杭州市社会科学院沈翔院长、周膺副院长、张旭东副院长、孙璐副院长、孙立波处长、张曾逸调研员等领导的政策支持。感谢浙江工商大学出版社编辑梁春晓的帮助，感谢所有关心支持杭商、研究杭商的人！

编　者

2016 年 11 月于杭州